ミラクル・S《シークレット》・ドクトリン

あなたはなぜ生きるのか。Dr.山﨑と奇跡の物語

山本佳人・著
Yamamoto Kajin

山﨑 誠・監修
Yamazaki Makoto

企画：蛍水舎
発行：たま出版

新しい時代の主体的体現者をみる

――推薦のことば

たま出版社長　韮澤潤一郎

学生時代に私たちは世田谷に住むある映画監督のご自宅で、宇宙と意識に関する研究会を開いていました。その集まりに高校生の山本佳人君が来ていたのを思い出します。

まもなく芸術と絵画に卓越した才能を持つ彼は、あっという間に東京芸術大学に入ってしまいました。しかし、その美の感覚は宇宙的哲理に根ざしていたのでしょう。途中で超感覚的知覚の探究に走っていきました。

既成のものにとらわれず、自らの姿勢をまっしぐらに突き進む姿勢はその後も変わりなく、幾多の体験と新たな発見の人生となっていったことを、本書で改めて認識させられました。

このような氏の探究の姿勢は、現代の社会の根底にある根本的問題を先取りしていたのかもしれません。

これまで科学は、文化や産業の発展のためにまっしぐらに突き進んできましたが、今日一つの新たな飛躍を遂げなければならない変動期に入ってきているといえます。

例えば地球温暖化に見られるようなエネルギー消費の限界が見えてきている一方、宇宙船地球号としてはすべての民衆の生活向上のために資源や技術の普及を求めています。

しかし、現実はあらゆる問題で対立と戦争の危機をはらむ、いつ果てるともしれない混沌《こんとん》の中にいるのです。

ここまでくると人々は、生きる意味の発見を求めるでしょう。何のために生きるのか、どこから来てどこへ行くのか、これからどうなるのかと。けれども、今はその救いを宗教よりも、科学に頼まなくてはなりません。

そこで、数学者は神の方程式を追い求め、物理学者は宇宙誕生の謎に挑み、医学や生物学は遺伝子から生命のありようを明かそうとしています。すでにミクロとマクロは科学の中で一体となり始めました。

それは宇宙の根源と生命科学の新しい展望であり、人と神が統合されるような新次元の価値観といえるかもしれません。

この新しい時代の主体的体現を、本書の著者は人生をかけてあらゆる場で追究してきたことを、読者は汲《く》み取ることができるでしょう。

目次

プロローグ

ヤマドリの知らせ

その人は空ゆく鳥に心を託し、あなたのもとへ遣《つか》わすことができるのだろうか。木々の梢《こずえ》をわたる風たちは、その人の投網のような魂のささやきを天の星のまたたきに変え、この世界について語り始める。そして、いのちについても。

私は巨鯨の背を這《は》うように登る。白樺の倒木が朽ちた骨のように散乱する山肌を、早春の冷たい風が走り抜けていく。やがて私は、もと来た林道の杉木立に吸い込まれていく。

まさにその時である。あたりを震わすうちわのような響きが、たちまち天から転げ落ちてきて、目の前にその正体を現す。それは烏《からす》か鳶《とび》のようにも見えたが、いずれでもなかった。虎の尾のようなしま模様を刻む長い尾羽と、茶色の羽根に覆われる鳥。その形や大きさはキジに酷似し、深い山中に野生する〝ヤマドリ〟だった。

ハンターの格好の標的でもあるその鳥は、一方で猟犬をも欺く知性と用心深さを備えているとされ、自分から人前に躍り出ることはない。その鳥が私の眼前に舞い降りてきて、そのまま茂みの彼方へ走り去る。私はその後を追う。懸命に追いながら胸騒ぎを覚える。ある不安が潮騒のように押し寄せる。

これは山崎ドクターからの知らせではあるまいか。その思いは募るばかりである。

携帯電話が通じる場所まで下山したところで、すぐに病院の知人に電話する。

「山崎先生はお元気ですか？　何かアクシデントはありませんでしたか？」

この唐突な私の電話に対する返事はこうだった。

「特に変わったことはありませんが、暴れていますよ」
〝暴れている〟とは、気が荒れているというほどの意味なのだろうか。私はその言葉をいったんは聞き流したのだが、さきほど出現したヤマドリとの関係が気になっていた。

すべての真相が判明したのは翌日である。それは、私が山﨑ドクターに電話を入れたことで明らかになった。

「私はねえ、どうしてもあなたに会おうと思い、山梨に行くことを考えましたよ」

それは昨日、すなわち２０１３年３月17日に私に対して発せられた、ドクターからのＳＯＳの中身だったのだ。ヤマドリはそんなドクターの思いを、あたかも伝書鳩のように携え、私が何者であるかを認識したうえで現れたのだろうか。追い詰められた魂は、ある種の生きものに意思や感情を託し、自分の分身として遣わすことができるらしい。米国の著名な民俗学者・カスタネダの紹介により世界的にその名を知られることになった魔法使い・ドンファンのように、山﨑ドクターは今まさにそのような技により、自分の魂に迫っている危機を私に伝えようとしたのだろうか。

この危機の本質を知ることは、ドクターと彼の戦士たちが挑み続けている〝全人的医療〟の本質を知り、生きることとは何かを悟ることにもなるのである。その全人的医療とは、医療倫理やシステムだけの問題ではない。患者だけでなく、医療従事者自身の魂が癒やされ救われる医療こそがそれであり、そしてそれは、人はなぜ生きるのかという根源的な問いに直結しているのである。

ヤマドリの知らせ再び

私は、水晶やトパズ（黄玉）やルチル（金紅石）など、結晶鉱物の採集を趣味とするフィールドワーカーでもある。３月17日に訪れたのは山梨県甲州市塩山の山中で、ここで〝車骨鉱〟と呼ばれる非常にまれな鉱物の採集を終えて下山する際に、あのヤマドリに遭遇したのだった。

そこは私の聖地のようなもので、山腹のさまざまな植物を通して私は〝智慧《ちえ》あるもの〟から多くの不思議な知識を授かってきた。なかでも〝テレパシー〟現象の成立原理についての情報は、まことに瞠目《どうもく》すべき内容のものだった。それによれば、ＡとＢ

に生じる意識の共鳴がいわゆるテレパシーを成立させるのだが、その共鳴は空間中の水素原子の〝量子もつれ〟によって生まれるというのである。この場合の〝空間〟とは、AやBの身体内細胞から外部へと連続的に通底している物理的な空間領域を指す。原子の量子もつれ状態は、エネルギーや情報が時間を超越して伝達されるための必須条件だ。しかも、水素原子1000個とヘリウム原子1個がペアを組んで成立する量子もつれがあるときには、ヘリウム原子は異種間の〝テレパシー〟においてお互いの意思の翻訳ソフトとして働くという。つまり、ヘリウム原子のおかげで、人間と動物や植物、あるいは鉱物とのリアルで無言の対話が可能になるのだ。ここでは専門的な〝量子もつれ〟現象については解説を試みないが、今の情報が真実なら、ヤマドリが私に人間の言葉を伝えることができても異常な夢物語ではないわけである。

そのヤマドリの奇妙な行動で山﨑ドクターの危急を悟ってから、約2カ月後の5月26日のことである。

その日、私は強い衝動に駆られるまま、しばらくぶりに甲州市内の〝聖地〟を訪れていた。無色透明の氷長石やチタン鉱物の産地として知られるその山で、私は紫外線下で緑色に発光する稀産鉱物ネオジム・モナズ石の美しい結晶をいくつも採集していた。3月17日に登った山とは尾根一つ隔たっていて、登山口から急斜面を登り上げるとすぐに尾根に至る。目的の産地はその奥だ。

そのときだった。いきなり、南斜面の山肌の一部が小さく波打つのが見えた。だが、そう見えたのは、周囲の枯葉模様と一体化したヤマドリの背だった。近づく私に意表を突かれたその鳥は、足下の枯葉をかき分けてその場を離れようとしていたのだ。しかし、慌てたのは、15年近くこの山に通い続けていながら、この鳥にいまだ出合っていない私の方だった。ここで初めて見るそのヤマドリの姿は、なんとも不思議で奇妙なものだった。ふつうなら、こちらに気づいた段階ですばやく舞い上がろうとする滑走の姿勢をとるものだ。ところが、このときのヤマドリは、羽根を少し広げて地表を覆い隠すような姿勢を保ったまま、懸命に山肌を這って逃げていくのである。それはあたかも、けがをして飛び立てずにいるか、足腰が立たたない障害者のようでもあった。そしてその姿が、あの山﨑ドクターの写し絵であったことを、私は12日後に知ることになる。
その奇妙な符合は6月7日に明らかになった。この日、私は山﨑ドクターが5月25日に脊柱管狭窄症《せきちゅうかんきょうさくしょう》で入院して加療中であることを知ったのだ。つまり、私と奇妙なヤマドリとの出合いは、ドクターが入院した翌日のことだったわけだ。電話口で事情を聞いてうろたえる私の中で、地を這うヤマドリと下肢の自由を失った山﨑ドクターの姿が完全に重なった。それはまさにヤマドリの知らせだったのである。そこで、不鮮明ながら、この瞬間に遭遇したときの写真を紹介しておこう。この物語の貴重な裏付けを、こうして読者のみなさんに紹介できるのは幸いである。

さて、最初に戻ろう。山﨑ドクターから発するSOSとは何か。いったい何が問題とされたのだろうか。そして今、何が起きているのだろうか。このことを語るには、私はまず、ドクターが病院内の入院患者を診て回る、いわゆる〝回診〟のありさまと、医局員や幹部職員たちを前に訓示がなされる〝朝会〟などをつぶさに見聞することから始まり、私との数奇な出会いやドクターの出生にまでさかのぼらねばならない。それらが明らかになるにつれ、われわれはさまざまな奇跡の形を見つつ、私たち自身のいのちの根源に向き合うことになるだろう。

◆山肌を這って逃げるヤマドリ
2013／05-26　撮影地：山梨県甲州市塩山（著者撮影）
山肌を懸命に這うヤマドリは、山﨑ドクターの身体の異変を告げていたのか。

第1章　今起きていること

虹は遠くに

―だれも誰かの犠牲にはならない。みんな自分で決めている道を行く★―

この日の朝も山﨑ドクターは不機嫌だった。眼鏡の奥の、柔和であるはずの瞳には行き場を失った怒りのようなものが潜んでいた。だれもが固唾《かたず》を呑《の》み、その一挙手一投足を見守っている。何よりも不幸なことは、だれもが目の前の天才的な英雄をどのように受け入れるべきか、その術を見つけられないことだが、それよりも大きな不幸はドクター自身の中に存在した。ほとんど悠久にも思える間、彼は自分がどのように評価されるべき存在なのか理解できないままなのだ。

それは、己の生のあり方を問わずにはいられない、アイデンティティの深刻な危機とも重なっているのである。熱くたぎる使命感から、蛍の里として知られたこの地に万全な救急医療体制を敷く総合病院を立ち上げ、各地のマスコミにも取り上げられるほどの業績を積み上げてきたというのに、近づけば近づくほどゴールは逃げ水のように遠のいていく。はっきりと見えていたはずの全人的医療の輪郭さえ、今や佐世保湾の蜃気楼のように揺らいでいる。いったい何が起きているのか。何がそうさせるのか。

２０１３年5月1日、総合病院の名戸ヶ谷病院は、１９８３年の創立以来、30周年を迎えた。開院当初１３８床だったベッド数は２４７床を超え、さらに１１４床の名戸ヶ谷あびこ病院を開設するに至り、職員総数は８００名に達していた。その記念日に先立つ同年4月28日、千葉県柏市内のホテルにおいて30周年を祝う式典が盛大に開催されることになり、丁重な招待を受けた私は妻とともに現地に向かった。

だが、このときの私は、一つ間違えば残りの人生を終焉《しゅうえん》に導きかねないような、危険な賭けを企図していたのである。

賭けの中身は、私のスーツの内ポケットに忍ばせた長文のスピーチ原稿にあった。その中の一つでも真実にそぐわない文言が潜むなら、私は山﨑ドクターと関係者の名誉を著しくおとしめ、私自身の信用を破綻させる両刃《もろは》の剣《つるぎ》となりかねないものだった。絶対的な確信がなければ、山﨑ドクターと同じテーブルに着くことも演台のマイクの前に立つこともかなわぬものだったのである。私はあえて長文のスピーチ原稿を暗記し、式典に向かう列車内で繰り返し中身を吟味しながら、退路を断ってこの日の賭けに臨んだ。もしこれに私が敗れていたなら、この本はここにこうして存在しなかっただろう。

ともに救われる医療
―祈りは虚心なしでは空しく、犠牲心なしでは届かない。また償うことなしには赦《ゆる》されない―

私のスピーチは、プロローグで紹介した《ヤマドリの知らせ》のエピソードに始まり、山﨑ドクターとの出会いに触れたのち、病院関係者の自覚と覚悟を促すという説教スタイルで終わる。ドクターとの出会いの物語は別の章でも取り上げるため、ここではスピーチの後半の要旨をお伝えしたい。

※

そのとき山﨑先生は初対面の私の退路を断ったうえで、「私が何者か言い当ててみなさい」などと挑んできました。その瞬間、私は自分の真実味が試されていると感じました。もし、この詰問をはぐらかしでもすれば、このあとの私は存在しないと漠然と感じました。今向き合っているこの場が、死ぬか生きるかを分かつ覚悟の場であり、死に場所であると悟らされたのです。まさに真剣勝負の場でした。そこでみなさんがた、とりわけ山﨑先生の片腕となっている重鎮の方々にお訊ねしたい。あなたはだれかを死に追いやったことはありませんか。そうとは知らずに人を殺《あや》めたことはありませんか。そんなことはないとか覚えがないというのなら、それはあなたが気づかないだけであると私はあえて申し上げましょう。その自覚がない分が、実はあなたの奢《おご》りなのです。生きている限り、あなたの生はだれかの死の上に重なっているのであり、その死によって生かされているという事実と向かい合わねばなりません。その自覚さえあるなら、あなたは自分が救いを必要としている人間であり、救われねばならない人間であると悟れるはずです。気づかずに過ちを犯す場合と、気づきながら過ちを犯す場合とで、どちらが罪深いと思いますか。たいていの人は後者だと答えることでしょうが、釈尊の指摘は違います。前者は気づかないことと過ちを犯したことの二つが罪に問われるというのです。

あなたがたは患者さんを救いながら、その患者さんたちを通して、自分が自覚していない罪の償いを行っているのであり、自分を苦難の淵から救い出そうとしているのです。山﨑先生はまさにこれらのことを理解しているために、この事業に魂を賭けることができるのです。だからこそ、あなたがたにこう問い続けている。「この場をあなたの死に場所と心得よ。その自覚がなければ去りなさい」。この病院は努力や能力以上に、何よりもその自覚と覚悟を求めているのです。その求めにあなたがたは応えていますか。もし、それがなされているのなら、ある人の言葉にあったような、山﨑先生が茫然《ぼうぜん》自失するほどに荒れるとかＳＯＳを発信するなどという事態も起こらなかったでしょう。あなたがたは自分には罪はないと思い込んでいるのですが、その奢りの分だけ、理想と現実との間に隔たりが生まれているのです。

自分が救いを必要とする存在であるという謙虚な自覚があるなら、今ある場所を死に場所と心得て立つ医療がある。自分と患者さんの魂までをも癒やせる医療が成り立つわけです。これがこの病院の創立者・山﨑理事長の理念の本質です。いったい、この理念にうたわれている、全人的医療とは何だと思いますか。それはあなたの魂も患者さんの魂もともに救われる医療です。

２００８年11月11日のインターネットにアップされたもので、名戸ヶ谷病院に対するこんな投稿があります。この投稿は、交通事故に遭った母親を受け入れてもらった男性のものです。文章は、その際の処遇をめぐって、名戸ヶ谷病院の医師の皆さんへの、やや感情的で激烈な批判から始まりながら、最後は穏やかにこう締めくくられています。「いつでも受け入れてもらえる安心感、これは事実として評価に値するだろう。今はもう一歩踏み込んで、心身ともに委ねられる医療システムの実現を願うばかりである」と。贅沢《ぜいたく》と言えば贅沢な提案ですが、全人的医療を目指すというのであれば、このような声に応えなくてはならないのではありませんか。その前提になるのが、みなさんの覚悟であり、自分自身が魂の難民にほかならないという自覚だと思います。

※

こうして、病院が抱える精神的問題点を指摘した私のスピーチは終わるのだが、その指摘が山﨑ドクターにとってわが意を得たものだったことは、妻の言葉からもうかがいしれた。彼女は、テーブルに戻った私にこのように告げたからである。

「山﨑先生は終始、うなづきながら話を聞いていたわよ」

おそらくその瞬間から、私の心の奥底では、自分でもうかがいしれないあるシナリオが描かれ始めていた。それは、式典の１カ月後の２０１３年5月25日に、山梨県内のホテル〝やまなみ〟に設けられた会席で、私が山﨑ドクターに提案する出版会の設立という形になって現れた。病院内に書籍の出版などの情報発信基地を立ち上げるというもので、出版会の名称は〝蛍水舎〟としたいと考えていた。山﨑誠の理念は、一個人の夢に留まらない普遍性を秘めていた。その苦悩と試みを通して、医療やいのちの本質を考え、さまざまな知見や問題を院内外に広く知らしめるには、病院内の英知を結集するしかないと思えたからである。

こうして、２０１４年1月24日の会議において蛍水舎の設立が合意され、２月６日の第1回編集会議開催によって活動がスタートしたのだった。

もっとも私は、この編集会議に至るまでに、知友のつてを頼って複数の出版社を巡り、蛍水舎の出版活動への協力の約束を取り付けていた。言うまでもなく、第１回の編集会議ではこのあたりの経過報告と、書籍の出版と流通を引き受けてくれることになった出版社についてのレクチャーが主要な議題になった。会議に同席した山﨑誠ドクターにとっては、まずまずの内容だった。

第2章　今問われていること

全人的医療の精神

―ガラスは壊れやすい。だからこそ、それを大切にすることに意味がある★―

全国を厳冬の寒気が覆い、千葉県柏市でも大雪になった2014年2月14日。その白いバレンタインデーから翌日にかけて、山梨県甲府市では観測史上最高の114センチの積雪を観測、私の地元笛吹市では150センチを超えていた。

早朝6時半に始まる理事長回診を取材するため、私は2月15日に上京する予定だった。だが、すべての交通網が遮断された山梨をどうにか脱出できたのは2月18日になってからだ。東京までの道のりの一部区間は妻が運転する車で、他の区間は電車でという変則的な行程になった。幸いにも、都内の各電車路線は通常に運行されていて、JR常磐線・柏駅東口のバス停1番線から出発する名戸ヶ谷病院行きのバスも平常運転されていた。私はバスの奥の快適なシートに沈み、心地良い揺れに体を委ねる。わずか17分程度で病院前に到着。いつものように安藤誠事務次長が迎えてくださる。彼は長崎県の出身なのだが、隣県の大分県出身の山﨑誠先生とはアンダーネームが同じだというのも不思議な暗合に思えてくる。忍従と礼節をわきまえ、天秤のような平衡感覚を持つ38歳のこの俊英は、蛍水舎の出版事業においても、私の後をサポートする強力なスタッフとして活動することだろう。

そのまま私は、病院に隣接した2階建て〝蛍水会館〟の一部屋に案内される。テレビや冷暖房や浴室、トイレや炊事場までもが完備したこの部屋が、本日の宿泊所になるが、これからは病院内での私の仕事部屋にもなる予定だ。同じフロアに図書室や事務長室、企画部長室、院長室などが並んでいる。私は手厚い待遇に心地良いめまいをおぼえながら、疲れ切った身体をベッドに横たえた。

翌朝6時に起床した私は、まだ朝日が昇っていないのを知る。もっとも周囲を高い山に囲まれた私の地元では、夜明けは7時頃だ。慌ただしく部屋を出てオートロックの会館の玄関を抜け、安藤事務次長が待つ病院に向かう。正面玄関は、診療時間外の早朝にもかかわらず、あたりまえのように解錠されている。あえてその事実を確認した私は、どのような患者も拒まないという姿勢の真実味を実感しながら、患者受付カウンターの脇から奥の事務スペースに進む。夜勤や当直の職員たちが慌ただしく動き回っていて、病院は早くも全開状態だ。あらかじめ決められていた白衣が安藤氏から差し出される。初めて羽織る白衣の凛々《りり》しさに面食らいながら、所在なげに立ち尽くしているところに山﨑理事長が到着。

私の姿を見るなり、「カジンさん、その白衣、似合ってるねえ」などと声を掛けてくださるが、ますます気恥ずかしさがつのり、返す言葉が見つからない。その間、山﨑理事長は脇の三畳ほどの控室で着替えを終え、車椅子に腰を据える。

私たちは靴音が響く病院フロアに繰り出す。腕時計を見ると6時32分。月曜から土曜までの毎朝、この時間から8時まで続く理事長回診のスタートだ。放射線科の田中謙二技師が毎回これに寄り添い、看護師長や研修医が同行する。この日は豊島悦子看護管理師長と研修医2名が同行しての回診である。ただし、回診の対象は、内科・外科・脳神経外科病棟に入院する要注意患者さんに限られている。どの患者さんも経過の一部始終を把握する必要があるばかりか、何よりも患者さん自身が山﨑ドクターから声を掛けられることを望んでいる。また、研修医には診療のノウハウを伝授しなければならない。

回診は2階のＨＣＵ病棟から始まった。High Care Unitの頭文字を採ったこの病棟は、より重篤な患者を収容するＩＣＵ（集中治療病棟）と一般病棟の中間に位置づけられている。この日は４名の入院患者があったが、山﨑理事長が特に声を掛けたのはそのうち1名の老年男性患者だった。直前までその患者さんを支配していた不安は、理事長に掛けられたひと言で安堵《あんど》へと変わった。その言葉が、患者さんの側に立って、患者さんの心に即して発せられたからである。

続いて私たちは、内科の一般病棟へと移動する。しかし、目的の病室に行くまでに、理事長は次々と指示を出していった。その一つは、廊下に備え付けられた倉庫の内部を見せることだった。収納されるべきものがきちんと整理されているかがチェックされた。二つ目の倉庫も綺麗に整理されていて、単なる物置と化しているような醜態は見当たらなかった。次に理事長の目に止まったのは、朝食の薫りが漂ってくる病室の入り口だった。廊下と６名が入院する病室とをかろうじて隔て、ベッドの上の小さなプライバシーをわずかに保証しているのは、淡いカーテン1枚のみだったが、そのカーテンは開いていた。

「なぜこのカーテンは開いているのかね。今、患者さんは食事中でしょう。あなたは他人にのぞき見られながら、食事をおいしくいただけますか？」

くぐもった詰問に、理事長の押し殺した怒りがにじんでいた。同行する職員たちに緊張が走ったが、私はその心遣いに理事長の変わらぬ心の形を見た。

そのまま私たちは内科病棟のナースステーションに滑り込む。理事長は患者さんたちのカルテのチェックとサインを終え、2階の外科病棟に向かう。

その病室の入り口で車椅子から立ち上がった彼は、一人のベッドの前に屈み込み、小声で語りかけながら下腹部の触診を行い、同時に超音波モニター画面に映し出される画像を確認した。画面には力強く運動する大腸の影が映し出されていた。あたかも食べ物をおねだりしている動物のようだ。患者さんは腸閉塞で救急搬送されてきた年配の女性だった。背後では看護管理師長が見守っていた。ガラス越しの柔らかい朝日が、師長の紅潮した顔面と理事長の白衣に射し込む。その白衣の裾が翻り、矢継ぎ早の質問が同行者に投げかけられる。

「順調に回復している。栄養状態はどうなのかね。点滴で済ませている？」

そこまで聞いてから改めて、その患者への処置の適否を2名の研修医に問う。

「何を言っているのかね。もうその時期は終わっている。何か消化の良い食べ物があるはずだぞ。すぐに栄養科に連絡して作らせなさい。患者さんにとって、口から食べることがどれほど大切なことか、あなたがたは分かっていないのか。点滴が病気を治すんじゃなくて、口から摂《と》る食事が病気を治すんだ。私なんか、それはもうつらくて入院中にベッドを抜け出して食べにいったくらいだ。それほど口から食べたいものだよ。点滴だけで済まされる入院生活なんて地獄のようなものだぞ。なんとかしなさい」

思えば山﨑理事長は、これまでに何度も入院を経験してきていた。ついこの前も、脊柱管狭窄《せきちゅうかんきょうさく》により手術入院を終えたばかりだ。車椅子に着くその姿がすべてを物語っていた。低くうなるようなことばの響きは、あたかも呪術師の呪文のように連なっていた。端的な言葉の中に目指すべき医療の本質が潜んでいるのである。それが本心から出ていることを、私は数時間後の14時30分から開催された蛍水舎第2回編集会議の席上で知ることになる。その席での主要議題は、広報部より発行されている院内週報『Nadogaya Weekly』の取り扱いについてだった。この週報は間もなく蛍水舎の扱いになるのだが、その蛍水舎編集スタッフの一人に、現在23歳の若き栄養士・速水麻里子がいる。彼女はわが国の栄養学の拠点・女子栄養大学を卒業した才媛であり、中学校・高等学校の教員免許を持ちながら、〝食の面から患者さんを健康に導くというお手伝いが一緒にできたらうれしい〟との思いで2年前に名戸ヶ谷病院に就いたばかりだった。専門は食事療法と実践栄養学である。会議が後半にさしかかった時点で、山﨑理事長はテーブルの端の彼女を見据えながら、こう語りかけた。

「あなたの文章に私はすごく感動しましたよ。点滴とかカテーテルとかあるけれど、それだけでは病気は治せても病人を癒やすことはできない。それができるのは、あなたの専門の食事だ。あなたなら私たちと一緒にそれができる。食事療法の観点から、ぜひみんなのためになるような文を書いて、週報に寄稿してほしい。ぜひお願いします」

速水は、理事長から親しく声を掛けられることの重みと意味を、周りの職員の応対などから十分に承知していた。何よりもうれしかったのは、栄養士としての自分を、医療人の一人として高く評価してもらえたことだった。そのことに安堵した彼女は、まっすぐに理事長を見つめながら、深くうなづいた。

さて、回診は最終段階にさしかかっていた。私たちは4階の内科病棟のナースステーションに移動した。カミソリの切れ味のような高野清豪副理事長も合流し、夜勤を終えていない看護部長が、用意したカルテを理事長に渡す。それらに目を通してサインを終えた理事長は、背後のホワイトボードに目をとめた。そこにはこの日の入院患者に関わる情報が記されていて、重症患者・2、要注意・4、担送患者・14、などの書き込みが確認できた。

「その数字はなんだね?」と、山﨑理事長が質問する。病棟師長にとってはまったく意表を突かれる質問だったのだろう。彼女はやや尻込みしながら、数字はそれぞれの患者さんの人数を表しているとだけ答えた。すると理事長は、強い口調で次のように指示したのである。

「担送患者を数字で記すのはいいとしても、ほかの患者を数字で表すとは何事かね。数字では人の顔が見えないではないか！　ちゃんと名前を記しなさい」

担送患者とは、救急搬送されてきた患者さんのことである。それについては人数の把握だけで差し支えないが、ほかの患者さんについては個人を把握しておかねばならないという戒めが、理事長の指示には込められていた。もちろん彼は、その指示が、患者名の表示は個人情報保護法なる法律に抵触するなどとした保健所からの通達に反することは承知済みだった。彼の中では常にそのような大義と正義の戦いが繰り広げられていたのだ。大義は行政の側に存在したが、正義は明らかに自分の側に存在していた。なぜなら、役人はともかく、医療人は病気という名の名辞を相手にしているのではなく、病人という個人的人格を相手にしているからだ。病気は治ったが患者は死んだなどという、パラドキシカルな現実をこれ以上生み出さないためにも、この点はしっかり肝に銘じなければならないし、何よりもその精神を共有していてほしい。それは、山﨑の〝法律の前に人のいのちあり〟の言葉にも集約されていた。このような昂《こう》じた思いが、師長への強い口調となって現れていたのである。

師長は弾かれるようにホワイトボードに手を伸ばし、数字を消し去った記入欄に〝名前〟と書き込んだ。すぐに患者名を記入して対応するという趣旨だ。しかし、指示通りに記入すればよいということではない。保健所の指導は無視し得ないものとして存在するのだから、その〝大義〟は遵守しつつ、同時に理事長の〝正義〟を共有する智慧を出さねばならない。方法はいくらでもあるはずだ。それが〝全人的医療〟精神の具現と直結しているのである。

ここで回診は終了し、8時になろうとしていた。まだ外来診療までに1時間ある。私たちはすぐに2階のミーティングルームに移動した。ここで理事長や副理事長・院長・各科の医師・研修医・看護管理部長・看護師長などの医療スタッフに加え、事務方のヘッドら総勢30数名の参加による〝朝会〟が、外来診療開始の9時までの1時間にわたって開催される。担当医師らによる数件の症例報告が、MRI・CT・エコー等の大型モニター画像に沿ってなされ、参加した医師たちの意見が求められる。研修医たちにとっては貴重な症例研究の場であるだけに、山崎理事長から投げかけられる問題提起は鋭さを帯びる。それが最高学府である東京大学医学部の卒業生であろうと容赦はない。

研修医とは、６年間の履修期間を終えて医師免許を取得後に、さらに2年間の臨床研修を課せられた医師のことである。努力規定であったものが平成16年に義務化されて今日に至った。研修はそれを引き受ける病院を選択して行われるが、この研修を経なければ、免許を持つ医師であっても単独診療を行うことができない。名戸ヶ谷病院は平成15年に管理型臨床研修病院の指定を受け、２０１４年3月の今日まで、46名の研修卒業生を送り出してきた。その中の一人で研修医7期生の女医・田儀道（現在、名戸ヶ谷病院・内科）はこう語る。

「私が名戸ヶ谷病院に出合ったのは、大学6年生の夏休み前、図書館で立ち読みした『新潟日報』の記事でした。山﨑理事長先生が人物の欄で取り上げられており、『救急車を断らない』『研修医に責任を持った仕事を任せる』という理念に感銘を受けました」と志望動機を述べ、研修中には「卒後5年目の先生方がここまでの仕事をすることができるのか！　という感動と、救命に関わることができたという充実感で満たされました」と振り返る。さらに、創立30年を迎えた病院への思いを、記念誌への寄稿文の中で「技量を身につけ、いつの日か名戸ヶ谷病院に帰りたいと思っています。懐深く度量の大きいこの病院が私は好きです」と結んでいる。

この日、朝会に参加していた研修医は、小林医師と野崎医師だった。二人ともそぎ落とされた身体に闘志をみなぎらせていて、若き日の山崎誠を彷彿《ほうふつ》とさせるものがあった。彼らもまた、医学を背後から支える人間哲学を身につけ、人間そのものを診る医師を目指して卒業していくに違いない。

ことばの癒やすちから
―この自然界は、魔法をかける呪文とそれを解く呪文との表裏一体で成り立っている―

ＨＣＵ病棟で、私は山崎理事長が患者の側に立ち、患者の心に即して言葉を発するのを見た。医療の原点がそこにあるのを見た。患者さんがそのとき欲していたのは、腕に技量ある人の施術ではなく、魂に権威ある人の〝ことば〟だったからである。魂のそのような権威は、人の苦しみの側に立つことに徹した者に備わる威厳なのであって、自ら望んで得られる権力ではない。聖書にはこう記されているではないか。すなわち〝はじめにことばがあった。ことばは神とともにあった。ことばは神であった。このことばははじめに神とともにあった。闇はこれに勝たなかった〟（『新約聖書』ヨハネ伝・１―１，２，４）と。

相手の心に即した言葉かけこそ重要なキーである。例えば、新約聖書が伝えるイエス・キリストの奇跡物語は癒やしの呪文に満ちていて、カウンセリングの素晴らしい手本になり得ている。病を引き起こす心の力は病を癒やす心の力でもあり、その力をどの方向に導くかがあなたに問われるのである。もしそれが正しい道をたどるなら、あなたは心の伝導師としての資格を身につけていることになるだろう。マタイによる福音書には、ある病人を癒やすイエスの次のようなエピソードがつづられている。

それは、山上の垂訓として知られる大群衆への訓示を終え、たちまち権威ある者として崇敬を集めたイエスが、小高い丘を下りて市街地に繰り出すなかで起こった一連の奇跡のひとこまだった。目の前に床の上に寝かされたままの中風の男性が運ばれてきた。その様子を見てイエスは言った。

「しっかりしなさい。あなたの罪は赦されたのです」(『新約聖書』マタイ伝・9―2,他)。

　すると、糾弾の機会をうかがってイエスの一挙手一投足を監視していた律法学者が、その言葉尻をとらえて攻めたてた。罪を赦せるのは神だけであって、人にそのような権限はない。したがって、このような言葉は自分を神のように装い、真の神の権威を汚すものだというのである。イエスは彼の心を見抜いた上で、毅然《きぜん》として反問する。

「あなたの罪は赦されたと言うのと、起きて歩けと言うのと、どちらがたやすいか」

　目の前の床の上の男は、自分がこのような身体になったのは、自らが犯した罪によるものと考えていたのだろう。その強い自己処罰感情と贖罪《しょくざい》の感情が病気からの回復を阻んでいたのだ。イエスは瞬時にその心と病の成り立ちを見抜いた上で、癒やしのための最も適切と思われる言葉を選んだのである。癒やしのマニュアルは一つではない。病気の数だけ訳があり、患者の数だけ癒やし方がある。さらに続けてイエスは男に告げた。

「起きよ。床を取り上げて家に帰りなさい」

中風とは脳血管障害による脳出血の後遺症のことであり、半身不随や片麻痺、言語障害、手足のしびれや麻痺などの症状を呈する。その男がみんなの見ている前で、イエスの言葉のとおりになったというのである。

病人はだれでも、心の奥に癒やしがたい傷を負っている。それが負の欲求となり身体に発現してくる。人は自分が望んだとおりのものになるのだ。

そこで、癒やしにとって言葉がどれほど大切なものかを、ここでは私自身の少し不思議な体験をもとにお話ししておきたい。

その独身女性との出会いは、甲府市内の喫茶店で私とマスターがイエスの癒やしについて話すのを、彼女の兄が小耳に挟んだことに始まる。彼は初対面の私に、妹の腰を治してほしいと懇願してきた。躊躇《ちゅうちょ》する私を尻目に彼は続けた。

「すでに大学病院をはじめ、いろいろな整形外科を訪ね歩きましたが、駄目でした。しまいには県外の新興宗教団体や、拝み屋さんまで行きましたが、結局治りませんでした」

あらかじめお断りしておけば、私は宗教家でも医療人でもない。単なるノンフィクションライターにすぎず、当時は医学書専門店の店長としての日々を送っていただけである。この日も営業活動の途中に、友人が経営する喫茶店に立ち寄ってマスターとおしゃべりを楽しんでいてのことだった。だが、偉そうな言葉を並べたてて力説していた手前、私は引くに引けなくなっていた。

その姿を見た瞬間の衝撃を、今も忘れることはできない。待ち合わせの場に現れた女性の腰は、昔話にでも出てくる老婆のように90度にも折れ曲がり、歩行も困難なために妹が付き添っていたのだ。彼女は山梨県内でも著名なレンタカー会社の長女で、名執葉子（仮名）と称した。このとき39歳だったが、極端な前屈姿勢から想像できる年齢は80歳を超えていた。すっかり落ち着きをなくしている私を見据えて、妹が口を開いた。それによれば、甲府市内のとあるショッピング街を一緒に歩いている最中に、姉の腰は目の前でみるみる折れ曲がったというのである。妹は何が起きているのかも分からずに叫んだ。

「お姉さん、何をしているの！　なんでそんな変な格好をしているの？」

ところが姉にはその意味が分からず、「何か変なの。歩けないのよ」とだけ答えるのが精いっぱいだった。恐ろしいことに、彼女は自分の腰が瞬時に折れ曲がった事実を自覚できないでいたのだ。そして、このとき以来、その腰は二度と元に戻ることはなく、20年もの歳月が流れてしまったのである。さらに本人の話を聞いているうちに、彼女自身が忘れ去っていた、大学在学中のある不幸な体験が明らかになった。もともと絵画の才能があった彼女は、学生時代にはすでに世間の注目を惹く著名なイラストレーターだったが、このことが友人たちの激しいねたみを買う結果になったのだ。凄惨ないじめは在学期間中、しつように続いたという。その期間を経て彼女の心の奥では、ある思いが決意された。しかし、その決意は無意識の中での出来事であったため、今でも彼女にその自覚は存在しない。そこで私はこのようにきっぱりと告げた。

「そのときあなたは、何も知らない赤ん坊のように振る舞い、腰を低くして目立たないようにしようと悲しい決意をしたのです」

それから数週間後の１９９４年2月27日、名執葉子の疾患の根本原因を把握した私は、彼女の実家を訪れて最終手段のカウンセリングに臨んだ。

「今のあなたの姿は、実はあなた自身が望んだものなのです。あなたは赤ん坊になろうと思い続けていたのです。ショッピング街を歩いている最中にあのような異変が生じたのは、あなたの周りに大勢の人がいたからです。そのせいで、周りに目立ってはならないという、無意識的な決意の引き金が引かれ、たちまちあなたの思いは実現したわけです。ですからこれは病気ではありません。病気ではないから治療の必要もない。さまざまな病院の門を叩いたと聞きましたが、病気ではないから治せないのです。だから、治すのではなく、あなたはこれから歩き始めるのだと思うことにしましょう」

私はこのように指摘した後、生まれて初めて歩行を開始する赤ん坊のように、一歩一歩のすべてを意識的に行い、決して無意識的に足を運んではならないと注意したうえで、さらに「これはリハビリテーションではありません。赤ん坊の歩行開始と同じ訓練です。あなたは病人ではないからです」と付け加えた。彼女の部屋は負荷のかかる2階に位置していたため、私の言葉を実践するにはむしろ好都合だった。一歩一歩意識して足を運ばなければ、階段を昇降することはできないからである。役目を終えた私は、1カ月後にまたお会いしましょうとだけ告げて去っていった。彼女は私の言葉を忠実に守り続け、１カ月後に、最初に彼女の兄と会った喫茶店で再会した。なんとその姿はもはや、ほとんど健常者のものだった。一緒に現れた兄の手には一升瓶が吊るされていて、瓶を巻いている白いのし紙がカサカサとうれしそうに揺れていた。

魔法の裏呪文
―敵性生命はそれを親和する生命とともにセットで誕生する―

さて、私の方法は、名執が自分にかけていた負の自己暗示を解除するための、正の自己暗示を提示することだった。その両方は表裏一体のものとしていつもセットで、この自然界と人の心身の内奥に潜んでいる。魔法をかける呪文とそれを解く裏呪文の存在である。患者への医療者の言葉掛けが癒やしの力を現すのは、その言葉が裏呪文として心身の内奥に働きかける場合である。また、生体に存在する免疫システムそのものが、この原理の生物学的体現にほかならないではないか。病原体などと言われる敵性生命は、必ずそれを親和する生命とセットで誕生し、毒はそれを無毒化する仕組みを内在させている。

いのち（生命）とは〝自己意識〟を持つ、さまざまな存在の〝つながりの形〟自体のことだ。〝いのちをつなぐ〟などという言葉があるが、これは〝つながりをつなぐ〟と言っているようなもので、同意語反復の誤った概念にほかならない。そして、意識とは〝気づき〟のことであり、自己意識とは自分への気づきのことである。この自然界の諸存在は、自己の内部になんらかの気づきを有し、周囲とつながりながら、あるべき自己の形を維持している。それが生命と言われるシステムの実体だ。この意識には無意識も含まれるので、自己意識を持たない物質にさえ、無意識的自己としての気づきが存在する。そしてこのような概念に基づくなら、生物と無生物の境界は曖昧になり、両者は意識的存在から無意識的存在に至るまでの連続的な〝意識のスペクトル〟の中に、一衣帯水のように存在する生命現象として理解されるだろう。つまり、無生物も生命の一つの形なのだ。私はこれを無意識的生命と呼び、鉱物は無意識下非覚醒の心理状態にあると主張した（『ＣＩ』紙・№２１７，２１８／１９９９—５，６）。

この主張は、世界最多数のノーベル賞学者を輩出しているとされる、イスラエルの国立ワイツマン研究所の驚くべき発見によっても裏付けられているようにみえる。1999年7月、同研究所のシャロン・ウルフとアブラハム・ミンスキーのグループは、過酷な生命環境下に置かれた大腸菌が、自身の遺伝子（DNA）を結晶鉱物に変化させて生き延び、水がもたらされる環境の回復とともに元の姿に復帰するという、にわかには信じ難い現象を発見した。〝ストレスで鉱物に変身するDNA〟（『遺伝子の世紀』学研／1999-2010年）として発表されたこの発見は、生命の概念を覆すものとして大反響を呼んだのである。

そこで、生命についての常識的な概念を少しおさらいしておこう。生命体の特徴は細胞分裂と言われる現象に典型的に表れている。それは、一個の個体が自己増殖によって同一の個体を無数に生み出すシステムだ。この自己増殖は、個体の自己情報を子々孫々に完璧に伝達する遺伝によって成立する。自己情報は遺伝情報と呼ばれ、生命体を完全に造り上げるための指示文書のことだ。この文書は、遺伝子と呼ばれる分子の組み合わせによって、化学的な言語で構成されているから、遺伝子の1個1個が指示文書を構成する単語に相当する。その文書を私たちは「ＤＮＡ」と呼んでいるわけだが、これだけでは述語変換ソフトを内蔵していないコンピュータ・プログラムのようなものに留まる。つまり、ＤＮＡによる指示は単語のランダムな羅列に終わり、意味のある文章を構成しないのである。したがって、ＤＮＡに宿る情報を個体の情報としてまとめ上げ、それを遺伝情報として機能させるためには、ＤＮＡそのものより上位のシステム、すなわちプログラムの書き手のコーディネーションが必要なのだ。ところが、そのコーディネーターの存在はもちろん、コーディネーション自体についても現在の生物学者の多くは注意を払っていない。この致命的な不注意が、遺伝子が持つ生命の単語さえ明らかになれば、生物の全情報が解読できるなどという遺伝子万能主義や物質還元主義を引き起こしているのである。実は、このような還元主義に対する痛烈な批判が、同じ生物学者たちからも生じているのだが、その批判のポイントは、今まさに私が指摘した点に収斂されている。

このことに関連して、自然界における〝裏呪文〟の存在を裏付けるような象徴的発見が、比較的最近になってなされた。２００４年9月20日、国立精神神経センター・

神経研究所の谷田如美研究員のグループは、異常プリオンやアルツハイマー、あるいはパーキンソン病の原因になるタンパク質など、十数種類のタンパク質の立体構造を解消し、１本のひもに戻してしまう分子を発見したのだ。この分子はアンフォルジンと命名されたが、それはまさに異常行動をとるタンパク質にかかっている魔法を解く裏呪文にほかならず、異常行動を指示したＤＮＡの文書は、同時にその指示を解消する暗号を隠し持つことを意味している。これは、癌《がん》の治療にとっても大きなヒントとなるだろう。というのは、発癌遺伝子は同時に癌抑制遺伝子として機能する可能性が高く、癌細胞を撃退するのではなく、それを正常細胞に戻す方法の治療が存在しうるからである。これが真実なら、逆に次のように自問してみよう。

なぜ癌抑制遺伝子が発癌遺伝子に変身してしまうのか。なぜ良い細胞が悪い細胞に変化するのか、と。

毒と敵のパラドックス

――人の性格に善悪はない。気に応じ縁に生じる限りの心は、それ自体で善として立つ――

身体から切り離した臓器がそうであるように、周囲とのつながりを絶たれた個体は醜悪な異形となる。先ほど私は〝いのち〟とは周囲との〝つながりの形〟のことだと指摘した。このつながりが絶たれるなら、どのような個体も敵性を持って私たちの前に立ち現れるのだ。例えば、病原微生物には、はじめから病原性が存在するのではなく、周囲とのつながりを欠いたいのちのあり方そのものが、病原性として現れるのである。自然界に存在する個体は、他のものに重複することのない唯一性を備えている。だからこそこの世界に存在できるのだが、それは周囲に対して本質的に非侵襲的であることを意味している。すなわち〝他を犯すべからざる〟という掟が、すべての個にあらかじめ備わっている属性なのだ。

試しに自然界を見てみよう。自然水銀（Hg）という元素鉱物が存在する。水銀は鉱物でありながら水と同じ液体だ。ちなみに、水も鉱物の一種であり、自然界に液体の鉱物はこの2種類しか存在しない。しかし、水銀は強い毒性を持つため、水のように体内に取り込むことはできない。ところがこの毒性は神の智慧ともいうべき魔法によって、非侵襲的に二重にプロテクトされている。その一つは、水銀は必ず石英（SiO_2）という鉱物の内部に厳重に封印されているということだ。ガラス質の石英の結晶は水晶として知られ、この自然界に広く存在している。そして、水銀の毒性は、さらに巧妙な方法によって無毒化される。なんらかのアクシデントにより、石英の封印から解かれた水銀は硫黄と結びついて辰砂（HgS）という化合物に変化する。この物質は〝朱〟とか〝丹〟の名で呼ばれ、朱色の顔料として用いられ、古代中国では不老長生の秘薬として服用された。水銀の毒性は無毒化されるばかりか、薬効を持つ親和的な個体へと変貌したわけである。

では、生物の世界ではどうだろうか。

日本中を震撼させた腸管出血性大腸菌O-157の蔓延《まん》は1996年のことだった。他国に比べて非常に高い保健衛生水準を誇る日本において、なぜ世界が瞠目するような感染被害が発生したのだろうか。この細菌は、絶滅寸前の赤痢菌が自分の遺伝子を人間と共生している大腸菌に譲渡して種の保存を計るという巧妙な手段によって出現したと考えられている。人を死に至らしめるO-157のベロ毒素はもともと赤痢菌の内部で製造される物質だからである。このような延命マジックを〝赤痢菌が宿主を大腸菌に換える〟というように言う。そして、このマジックは、生物学的に見れば、比較的ポピュラーに起きている生物進化の基本形なのだ。過去に日本で猛威を振るった赤痢菌は、1970年代以降は抗菌剤の徹底的な使用により絶滅寸前の状態にある。

しかし、この選択が赤痢菌を追い詰め、彼らの脅威をさらに身近に引き寄せる結果を招いたのである。さらに悪いことに、保健行政の過剰とも思える対応が、かえってO-157の台頭を許してしまった。徹底的な滅菌消毒の励行により、O-157を駆逐する土中細菌類の繁殖を阻害したのである。このように、自然界のいのちのサークルを絶ち切るような薬剤の乱用が微生物の薬剤耐性を生み、〝毒性〟を進化させてきている。

病原微生物の代表格として、フィロウイルスと呼ばれる一群が存在する。1995年から1996年にかけて、中央アフリカ諸国で猛威を振るった感染症のエボラ出血熱を見てみよう。このウイルスの感染者は全身の体孔から出血して死に至るというものので、その悲惨な様子はまさに悪魔による所業としか思えないものだ。しかし、この生命体はＡＩＤＳの原因菌であるＨＩＶと同じように、密林の奥深くに棲むミドリザルなどに寄生していたと見られていて、ハンターによって捕獲殺傷されたうえで人間の生活圏に持ち込まれたと考えられている。それは、密林の獣たちがエボラ出血熱により死の危機に瀕《ひん》しているなどという事実はないことからもうかがいしれよう。

このように、ある個体が自然環境のサークルの中で周囲とつながりながら存在している限り、敵性や病原性を現すことはない。しかし万が一、サークルから外れて病原性を持つに至った生物に感染した場合、私たちはどのように対応すべきなのだろうか。私は再三、魔法を解く〝裏呪文〟の実在性について述べてきたが、ヒントはおそらくこの概念にある。例えば、裏呪文の実在を裏付けるかもしれないタンパク質〝アンフォルジン〟は、これまでとは異なる発想による感染症や癌細胞の治療に応用できるだろう。また、病原微生物や癌細胞は周囲とつながりを絶たれている孤独な個体であるという認識を前提にすれば、治療にはこれらの個体の〝つながり〟を回復させる処方を発想しなければならない。それらを排撃するのではなく、むしろ取り込むことによって正常細胞に戻すとか、本来の場所に戻すなどの方法が考えられねばならない。

冒頭で私は〝いのちとはつながりのことである〟と述べ、〝自然界のすべての個体は非侵襲的である〟と指摘した。逆に言えば、周囲とのつながりを欠いた個体を私たちは〝いのち〟とは呼べないということだ。そして悪いことに、いのちを欠いた個体は、共存共生を考慮することなく、利己的に周囲を侵襲することができる。無酸素呼吸によって無制限に増殖する癌細胞は、まさにいのちを持たない個体の典型である。また、生物と無生物の中間に位置づけられるウイルスも生きてはいない。それは正常遺伝子を持たず、他の個体を侵襲することなしには、自分自身で増殖することができないからである。

一方、奇跡的な経過をたどる治癒には、しばしば〝ことば〟が重要な役割を演じている。回診中に山﨑ドクターが患者に掛けたように、またイエスが病人を瞬時に癒やしたように、相手の深層心理に達する言葉である。それは、自分を忘れて相手の側に立つ慈しみの心がなければ成就しない。これと同じことが病原微生物や敵性生物、あるいは癌細胞に対応する際の、私たちの姿勢にも求められるだろう。つまり、そのような個体に対する〝慈しみ〟の感情こそが、それらの個体から〝つながり〟という名のいのちを奪った魔法を解く力となり、改めて新しいいのちを与える裏呪文となるのである。

ブラインドサイト
――光にはＤＮＡの情報開示を促す、未知のレベルの情報（アフォード）が潜んでいる――

イエスの癒やしの奇跡を、少し角度を変えて見てみよう。ここで取り上げるのは、イエスが中風の男を癒やす奇跡に続いて、子宮筋腫と思われる少女を癒やした後に、二人の盲人の失われた視覚を取り戻す奇跡である。

〝そこから進んで行かれると、二人の盲人が、「ダビデの子よ、わたしたちをあわれんでください」と叫びながら、イエスについてきた。そしてイエスが家に入られると、盲人たちがみもとに来たので、彼らに「わたしにそれができると信じるか」と言われた。彼らは言った。「主よ、信じます」。そこでイエスは彼らの目に触って言われた。「あなたがたの信仰通り、あなたがたの身に成るように」。すると彼らの目が開かれた〟（新約聖書「マタイ伝」9―27～29）

本当にこのような奇跡が生じたのだろうか。失われた眼球の機能が瞬時に回復するなどということは、まったく信じ難いことだ。しかし、ものを見るのは目なのだろうか。そうではない。ものを見るのは〝脳〟なのであって、それは〝あなた〟の意識である。あなたが目を通して見るのである。もしそうであるなら、イエスが癒やしたのは、ものを見る脳の機能であって、視覚を失った眼球の機能ではない。では、眼球の機能が失われたままで、人は目を通さずにものを見ることができるのだろうか。


驚嘆すべき言葉が、7歳になったばかりの私の末娘の安曇から発せられた。

「寝ていると光が空から…じゃあなく、天上から降ってきて、からだの周りを包むの」

それは1987年9月29日の夜のことだった。仰天しながら「ええっ、それって自分から出ている光？」と聞き返す私に、彼女は「そうじゃあなくて、もやもやした綿のような光」と淡々と答える。それが現れたのは、妻に添い寝をしてもらっていたある日の夜のことだった。自分より20～30センチ上空に純白のベールのような光のかたまりが現れ、二人をテントのように包み込むのが見えたというのである。

「今でもそれは現れるのかい？」

「うん！　それが降りてくると、とっても安心するの。優しい感じだから。その光は何？」

こんなやりとりから私の口をついて出た言葉は「たぶん、天使のベール！」だ。口からの出任せだったのだが、しっくりくる表現のように思えた。「わあっ、天使のベール！」と声を弾ます傍らで、姉の瑞穂が私の言葉を引き継いで言った。

「そうだよ、アンちゃん！　天使って神さまの使いでしょう。みんなが寝てしまうと守ってくれる人がいないから、神さまがそうやって守るんじゃあないの」

なるほど、子どもでなければ考えもつかないイメージだ。

その翌日の9月30日、私たちは奇跡を目撃することになる。

「パパ、あのベールだけど、すごいよ！」

私の帰宅を待ちかねていた安曇が、玄関ドアを開けるのと同時に駆け寄ってきて言う。

「すごい？　あのベールがどうかした？」

私は騒ぎを起こそうとする子を、先回りしてなだめるような低い姿勢で聞き返す。

「うん！　今朝、学校へ行くとき、新しく出来たマンションのそばを歩いていて、目を閉じてみたの。そうしたらベールが現れて、道の行き方を教えてくれたの！」

「本当？　どんなふうに？」

「目からベールが道の方に延びていって、道がまっすぐだとスウーッて1本の形になって、曲がり角のある所はちゃんとベールが曲がって教えてくれるわけ。だから目を閉じたままふつうに歩けたよ！」

こんな話を聞いた私が冷静でいられるはずがない。

「……ということは、その光は本当に神さまや天使に関係があるんだ、きっと！」

私たちは夕食も早々に済ませて、すぐに実験を始めることにした。安曇は大はしゃぎだ。その姿には、嘘《うそ》をついて両親の気を引こうなどという他意はみじんも感じられない。仮にそのような他意があったとすれば、あまりにも手の込んだ嘘である。私はまずタオルをタスキのように細長く折り畳んで、彼女の目の周囲に巻きつける。タオルには厚みがあり、鼻との間にも隙間が出やすい。

本人確認を踏まえながら、入念にチェックを行う。彼女は自分に起きている真実を正しく伝えようとしていたから、このチェックには積極的に協力した。

「よし。アンちゃん、そのベールが現れたら、この部屋からパパの部屋まで歩いてみようか」と、私が言い終わるより早く、彼女は歩き始めていた。

私たちは夢を見ているような気持ちだった。ゆっくりとした歩行ながら、爪先で障害物を探るような仕草もなく、力を抜いた両手を垂らしたまま、滑るように移動していくのである。歩行をスタートした部屋と目的の私の部屋の間には、もう一つの部屋と板張りのフロアがあり、直進することはできない。しかもフロアには、破棄処分のために居間から運び出したばかりの、大きなソファが控えている。そこを通過するのは、わずか幅40センチほどの隙間をクリアしたのち、私の部屋の入り口の半分をふさいでいるコピー機の脇を抜けていかねばならないのだ。ところが彼女は、そのどれにも触れることなく、身体を持たない人のように移動していったのである。

「ベールが隙間の形に曲がって教えてくれるわけ？」と私。

「そう！　でも昼間の方がはっきり見える。だって、ふつうに歩けたから」

今の実験を見る限りでは、その言葉を疑うべき根拠はなかった。そこでもう1度同じ実験を繰り返す。妻は私よりも冷静に安曇の足下や目のあたりを見つめていたが、信じられない光景を目にしている様子だった。

その二日後には3回の室内実験後、私は安曇を広い県営駐車場に連れ出した。すでに午後6時50分を回り、辺りはすっかり闇に閉ざされていた。私の不安をよそに、彼女から〝ベール〟が現れたとのGOサイン。室内実験同様に、彼女はゆっくりと歩み始める。私はその2歩後方を追う。屋外照明に照らされた駐車場には多くの車が並んでいる。ところが彼女はセンサー付きのロボットのように、車の直前で方向転換を繰り返しながら、何事もないかのように移動していく。それは、昼間の方がよく見えたという彼女自身の言葉を覆すような、驚嘆すべき光景だったのである。

さらに驚くことが判明してきた。光の雲の〝ベール〟は、道を示すばかりでなく、車や机や椅子、ポットや水差しやカップ、さらにポータブルテレビから突き出ているロッドアンテナのような小さな物の形まで表示するというのだ。ベールがそれらの形に変化するというのだから、彼女には見えているのも同然だった。

その後、この実験は第三者の眼前でも行われた。１回目は１９８８年６月18日、私の友人でアーティストの志村興司氏のアパート室内で行われた。２回目は同年８月13日、私の実家において私たち家族のほかに父と母、弟夫妻の８人が見守るなかで行われた。この実験は奇跡や超能力の類をまったく信じない父の前で行われ、劇的な結果を得たことに意味があった。

そして3回目の実験が、翌年の８月13日、知り合いの本宮代志子女史（仮名）が所有する埼玉県所沢市の別荘で行われた。私たち家族以外の５名はまったくの第三者で、うち１名は初対面の男性だった。より厳正なチェックのもとで行われたこの実験で、安曇はそれまで以上の〝成績〟を収めた。彼女の足下には水を張った洗面器や、水の入ったヤカン、コップなどが設置されたからである。

安曇のこの不思議な現象の真実性を裏付けるような、驚くべき研究成果が発表されたのは、それから23年も経《た》った2010年のことで、認知神経科学の専門家、B・デ・ゲルダー（米・ティルブルフ大学教授）によって明らかにされた。それによれば、完全に視力を失っていても、ものが見える可能性があることが、1979年にマサチューセッツ工科大学（米）のペッペル、ヘルド、フロストの3人の研究者によって報告され、1999年には本格的な研究が開始されたというのである。この不思議な視覚は〝ブラインドサイト（Uncanny Sight in the Blind）〟と命名され、MRI拡散テンソル画像（DTI）の研究から、〝網膜から上丘へと第一次視覚野を経由せずに、直接送られてきた情報が使われるのだろう〟（盲人の不思議な視覚『日経サイエンス』2010年8月号）ということまで分かっている。ゲルダーの主張によれば、この視覚機能はだれにでも潜在していて、訓練によって使えるようになるとのことで、すでに盲人のリハビリテーションへの応用が試みられているというのである。

2010年6月25日のことだった。私は〝ブラインドサイト〟について、もう少し踏み込んだ知識を得ようと思い立ち、山梨県甲府市の人工湖・矢木羽《やぎは》湖畔を訪れた。美しい紅シジミ蝶が、どの野辺にも見られるヒメジオンの白い花に飛び交っていた。私はその花の一つに指を添えながら〝交信〟を開始した。こうしていると智慧ある何者かが、このような植物を通して私に語りかけてくるのだ。こうして得られた知識は私の想像をはるかに超えていた。ヒメジオンは次のように語ったからである。

「その視覚は紫外線によって成立します」

〝紫外線〟とは意外だ。しかし、それは赤外線同様に人間には見えない波長の光である。ヒメジオンは私の疑問に反応しながら続ける。

「対象から反射してくる紫外線が、網膜の棹状細胞と皮膚細胞、脳内の松果体に存在するクリプトン原子を励起することで、この視覚が発生します」

確かに〝クリプトン原子〟と明言した。初めて聞く話である。さらに情報は続いた。

「紫外線の照射を受けたクリプトン原子からは、複数の電子が雲になって発生します。この電子雲が視覚神経および触覚神経を経て松果体に達すると、松果体にわずかに存在するクリプトンに共鳴振動が生じます。すると、この振動が画像情報として対象の輪郭を結像し、明暗から成る映像認識を成立させるのです」

つまり、対象物体⇓紫外線⇓棹状細胞・皮膚細胞（いずれもクリプトン原子を含有）⇓電子の発生⇓松果体⇓結像という過程をたどって、目を通さない視覚が成立するというわけである。

調べてみると、クリプトン（Kr）には自然界に存在するもののほかに、人工的な核分裂反応によって発生する有害な放射性物質としてのクリプトンなど、31種類が存在するらしいことが判明した。このうち自然界に存在するものは5種類に限られ、ヒメジオンが示すのはkr36と言われるもののようだ。このクリプトンは実際にさまざまな細胞に少量含まれるようで、大気中には1.14ppm程度存在するという。しかも、この原子と人間の不可思議な能力とを結びつける主張が実際に存在することも判明した。網膜の棹状細胞は紫外線への感受性を持ち、対象物を明暗で識別することも付け加えておきたい。

言うまでもなく、紫外線は暗闇の中ではほとんど計測されないとされる。ヒメジオンからの情報が真実なら〝昼間の方がはっきり見える。ふつうに歩けたから〟という安曇の証言との間には、無視しえない関係がありそうだ。実験はどれも夜間の室内と夜間の屋外で行われたが、どの環境にも蛍光灯による照明がなされていて、それらは微弱ながら紫外線を発していたからである。

第3章　何をすればよいのか

バレンタイン・マラソン
―祈りは虚心なしでは空しく、犠牲心なしでは届かない。また償うことなしには赦されない―

山梨県唯一の日刊紙『山梨日日新聞』（1978年／4・16日付）は、ある若き女性患者さんをめぐる救命活動を、〝破傷風に愛の血清リレー〟と題した6段抜きの記事で伝えていた。それによれば、破傷風は百万人に一人程度が罹患し、全国での年間届け出患者数は100人、山梨県内での届け出は1976年に一人だけというまれな疾患である。土壌に棲息する嫌気性の破傷風菌が創傷部に感染することにより、菌の体外毒素によって引き起こされ、三日から3週間ほどの潜伏期間を経て全身性強直性けいれん、交感神経機能不全などにより死亡するという。『今日の治療指針-Vol.54』（医学書院／2012年）によれば、発症後2～3週間で死亡例は多くなるというから、早期の発見と処置がきわめて重要になる。

すでに筋肉が硬直し始めたその患者さんが、山梨県笛吹市内の八代病院（当時）に運び込まれたのは、1978年3月19日夜間のことだった。すでに21時を回っていたが、感染から三日が経過し一刻を争う状態だった。患者さんの容態から治療には最低でも50本の血清が必要と見込まれたが、院内には2本、山梨県内に17本のストックがあるのみ。事態は絶望的だった。だが、この瞬間から必要量の血清確保に向けて、八代消防本部⇒静岡県警⇒ミドリ十字本部⇒静岡県警⇒八代消防本部⇒八代病院という、懸命の〝血清リレー〟が繰り広げられることになったのである。かき集められた300本の血清が病院に到着したのは翌日未明のこと。こうして患者さんの生命はとりとめられたのだが、このまれな疾患の診察にあたり、救急対応を指揮して治療を完遂せしめた医師こそ、当時42歳の若き外科医師で八代病院副院長の職にあった山﨑誠である。

彼がこの出来事で悟ったのは、次の一点に尽きていた。

すなわち、〝全力を尽くせば救えないいのちはない〟。

この悟りが山﨑医師の運命を大きく切りひらいていくことになり、さらに今日までただの一人として患者の生命を奪ったことはないという実績が、彼の人生を支え続けていくのである。2014年3月11日の名戸ヶ谷病院内での私のインタビューに、総合病院の理事長となった山﨑誠は改めてこう答えている。
「私は外科医だが、メスを入れたならそのマイナス分を戻して、患者さんにお返しなければならないんです」

さて、輸血リレーから５年後の１９８３年に彼が創設することになる名戸ヶ谷病院では、この出来事を記念した〝バレンタイン・マラソン〟と題された行事が、毎年開催されるようになった。職員６名がチームを組み、病院の周囲１・１キロをリレーマラソンするというものだが、そこには一人の患者の生命をつないだ〝血清リレー〟の記憶を風化させてはならないという、山﨑の願いが込められていた。そんなドクターと30歳になったばかりの私が運命の出会いをするのは、このようなドラマが繰り広げられる１カ月前の１９７８年２月16日のことだった。

昭和53年（1978年）4月16日　日曜日　2版　地域　(14)

破傷風に愛の血清リレー

東八消防—静岡県警

八代の若い女性命拾い

峡東

支局　山梨05532②0339　山梨05532②7603

破傷風にかかった八代町の女性が、東八消防本部と静岡県警による愛の血清リレーで命拾いし、十七日には、退院することになった。破傷風は非常に死亡率の高い病気だけに、明るい話題として関係者の評判になっている。一方、治療に当たった主治医は「破傷風は予防注射を受けることで、死亡率はグンと減る」と話し、一般の人に予防注射の重要さを訴えている。

破傷風にかかったのは、同町永井、農協職員坂本千鶴子さん（[illegible]）。三月十二日、自然流産し自宅で静養していたが「具合が良くなった」と十三、十四日ごろ農協の資材整理を手伝った。

この時、鶏フンの中の破傷風菌が体に入った。十六日に発病、口が開かなくなり、出血したが破傷風と気づかなかった。同月十九日、肩こりや筋肉が硬直し、午後九時半ごろ、同町南の八代病院（秋田和己院長）で山崎誠副院長（[illegible]）が診察した結果、破傷風とわかった。

破傷風には約五十本（一本二百単位）の血清が必要だが、病院には予防のための血清が二本しかなかった。県内の薬問屋にも十七本の血清しか用意がないことがわかり、静岡県から早急に取り寄せることになった。

午後十一時、同消防本部の三枝正文さん（[illegible]）＝石和町山岸＝が運転する車に、薬品取扱会社の藤原良孝さん（[illegible]）と同病院事務長の秋田恭行さん（[illegible]）が乗り、静岡県境へ。待ち構えていた同県警のパトカーから血清三百本を受け取りバトンタッチして約百キロの帰路を急いだ。翌日午前一時、病院に到着。山崎副院長が夜明けまで三十九本の血清を坂本さんに投与、命をとりとめることができた。

坂本さんは、今では元気になって食事も進み、一人歩きもできるようになった。十七日には、めでたく退院ができるという。坂本さんは「主治医の先生をはじめ、みなさんの温かいお世話ですっかり良くなりました。また血清運搬に協力してくれた人たちに心から感謝しています」と静かに話していた。

破傷風は、百万人に一人、全国で年間百人ほどが届け出ている珍しい病気。県内でも五十一年は一人しか発病していない。しかし死亡率は高く、潜伏期間が一週間から十日だと八〇%が死亡するという。坂本さんは、潜伏期間が三、四日と短く、期間が短いほど死亡率が高いだけに、この愛のリレーがなければ重大事になるところだった。

山崎副院長は「破傷風菌は鶏フンなどに入っているが、せっけんで手を洗っても落ちない。予防注射が一番効果がある。児童は学校で予防注射を受けているが、一般の人たちはほとんど受けていない。予防注射をすれば死亡率は九千分の一に減るといわれるのに」と話し、予防注射の必要性を訴えていた。

元気になり散歩もできるようになった坂本千鶴子さん（中央）＝八代町南の八代病院前で

私はだれでしょう
―生きているとは、私が私自身であって、他者にはなりえないこと。この宇宙に重複はない―

私は、2014年1月まで勤務することになる医学書専門店の元社長・S氏（故人）に誘われるまま、勤務終了とともにある病院に向かった。1978年2月16日のことだ。山梨県甲府市の郊外に位置し、町村合併前は東八代郡八代町と呼ばれ、現在は笛吹市八代町と改称された地域の八代《やつしろ》病院がそれだった。いったい何が待ち受けているのか、私は期待よりも憂鬱《うつ》な不安に駆られていた。車のハンドルを握る社長の口元は滑らかだったが、それとは裏腹に私は助手席に沈んでいた。張り詰めた冷気が沈黙より深い闇を支配しているようだった。

病院に到着した時にはすでに診療時間を終了していて、事前の打ち合わせができていたのか、私たちは隣接する木造平屋に直行した。それは、私たちを招いた副院長の山﨑誠医師が寝起きしている、やや広い宿舎だったが、初めて踏み入るロッジのように閑散としていた。もっとも、宿舎が一人前に整っているようでは、病院を任される者としては一人前にはなれないのだろうなどと、反射的に推測を巡らせる。

やがて現れたのは、髪を短く刈り込んだ、シャープな相貌《そうぼう》の紳士だった。だが、前面に張り出た額とふっくら突き出た後頭部が胎児か天才児童を連想させた。すでに人数分の膳が整えられていて、私たちはその前に促された。私は殿様の面前に招かれた田舎侍のように、ぎこちなく端座した。

「あなたがカジンさんかね。社長さんからはいろいろ聞いていますよ」と切り出した医師の口元はほころんでいたが、眼鏡の奥の瞳には押し殺した殺気と悲鳴が潜んでいた。それが何であったかは、本書の『ドクター・ヤマザキの運命』の項で少しは見えてくるかもしれない。

さて、このときのために取り寄せたのであろう特上の寿司膳に、私がそそくさと箸をつけるのを見計らって、山崎医師が切り出してきた。それは、まったく意表を突くものだった。

「カジンさん、あなた、私のことが分かりますか」

ただその一言だった。ふつうの大人ならこんな切り出し方はしない。私たちは初対面である。山﨑医師が何者であるかなどということは、この場に私を案内してくれたS社長から聞いたこともない。しかし、幼児が大人に投げつけるような詰問の端的さとある種の殺気によって、私の退路は見事に断たれた。もはや逃げることはできない。

では、私とは何か。この瞬間まで自問自答し続けてきた私が達した答はこうだった。すなわち、私の実体とは、肉体の器官を超えて機能する〝ＳＥＮＳＥ〟（超感覚的知覚）のシステムそのものにほかならないと。そう、私とは、目に見えない意識のチャンネルによって諸世界につながることのできる個別的な生命システムなのだ。だれにでも存在するこのシステムを、私はあえて超感覚的知覚と呼ぼう。それが私の実体だとするなら、山﨑医師の詰問をはぐらかして私が生き延びる道はない。私はまさに自分自身を賭けた真剣勝負の場へと引きずり出されていたのである。

だが、ほとんど瞬時とも思える短時間に、私は〝ＳＥＮＳＥ〟を総動員することができたのだ。おそらく、山﨑医師の殺気と奇妙な形で共存していた私への親愛と好奇な感情がそれを可能にしたのだろう。

驚くようなひらめきが、明瞭なイメージとともに訪れた。その中には山﨑医師の実家敷地の特異な風景も存在したし、ご本人と当事者しか知り得ない重大な秘密が存在した。私が確信に満ちて切り返した言葉は、こうだった。

「先生にとっては都合の良くないエピソードがありますが、それらをすべて話しても構わないのですか」

「構いません」という言葉が返ってきたが、分かるはずがないし、万が一分かったならあなたを信じましょうという思いが重なって見えていた。そこで私は、心の奥に見えているすべての情景を、一連のシナリオを朗読するようによどみなく語って告げたのである。それらのすべては山﨑医師に満足以上のものをもたらした。また、それらのすべてがS社長に驚嘆以上のものをもたらした。ただちに〝証人〟がその場に呼び出された。駆け付けた未知の証人の前で、山﨑医師はややオーバーなアクションを見せながらこう宣告した。

「私は見られている。このカジンという男が秘密のすべてを知っている。今夜会ったばかりなのに。うれしいじゃあないか！」

こうして私は命拾いし、秘密を托卵《たくらん》したまま生きていた山﨑医師は、その托卵の中身が第三者によって暴かれることで自分の存在が赦されているのを感じ、私たちの運命の出会いは奇跡的な形で成立したのだった。

神々のメス

―世界は無限に多様である。どのような道を選ぼうが、魂の道を限定することにはならない―

自分がその立場にならなければ理解できないことがある。例えば、患者心理についての専門教育を受けている医師や看護師でも、患者さんが抱いている不安や恐怖を理解するのは難しい。大手術を控え、自分の生命を他者の手に託さねばならない場面での、患者さんの不安はどれほどのものであろうか。理髪店の恐怖というのがあって、ひげをそらせない人がいるらしい。カミソリを手にした理容師の手元が狂いでもしたらなどと想像すれば、とても頬を差し出すことなどできないわけで、この心理は手術を受ける患者さんにも共通しているだろう。このような理由のほかに、思想信条によって手術を拒絶する場合がある。

そして、この場合には、施術者側からも患者さんの側からも、事態はややこしくなる。宗教や哲学についての知見を有している医療従事者は、わが国では少数派にとどまり、いきおい宗教的な問題を抱えた患者さんへの対応は手薄になっていく。それは患者さんの側からも言えることで、彼は自らの信仰のために孤独な聖戦を強いられることになっていく。

まさにこのような患者さんが、私の身近に存在したのである。山梨県中央市在住の特異な建築設計士、鷹野秀敬氏65歳（1998年当時）。宇宙・自然・人間との融和のあり方を建築において提案するという理念に基づき、優美で快適な居住空間がデザインされる。それは、自身の信仰のありようを目に見える形にする作業とも一体のものだった。このように、人生のすべてを信仰によって貫徹させている人がいる。しかも、そうした信仰が現代西洋医学の思惟《しい》と相容れない論理によって成り立っていたりすると、かなり面倒なことになるわけだ。

彼の病気の発見は1997年のことだった。心臓大動脈弁閉鎖不全症、いわゆる心臓弁膜症というのがその病名だった。先天性の奇形や動脈硬化、心内膜炎などによる大動脈弁の閉鎖不全により、心臓内部で血液の逆流が発生する。心臓は逆流血液まで駆出する負担を強いられることで心筋障害を発生し、放置すれば心臓移植を考慮しなければならないとされる。鷹野氏は受診時点ですでに人工弁を移植する置換術の適応患者であることが判明していた。しかし、氏はその手術を拒絶し、妻子や親戚の説得に応じなかった。自分が信じる神の御技《みわざ》にすがろうとし、信仰の力による奇跡に期待したのである。人間を自動機械と見なすような西洋医学的アプローチは、人間を宇宙や自然と一体の有機体と見なす東洋医学的思惟の対極に位置し、それは鷹野氏の人生哲学とも大きく異なるものだったのだ。そのような氏にとっては、西洋医学の権化である手術を受け入れることは、自らの哲学の否定と敗北を意味した。

こうして氏の中では綱引きの日々が始まった。しかし、氏の信じる神が真実の神なら、どのような場面でも奇跡は起こるのではないだろうか。その手にメスを握る神が、人の姿で手術室に現れても不思議ではないのだ。なにも、魔法のように一瞬で病を癒やすやり方だけが、神のやり方とは限らないではないか。真実の神なら、西洋医学を施術する病院でも東洋医学を施術する医院でも、等しく力を現すはずだ。氏がそのように信じられるだけの信仰心を持てるなら。だから私は「父を説得してください」との長女・美秀子氏と夫人の依頼を受けて氏に言った。それは1998年6月19日のことだった。

「先生に信仰心がおありなら、神は自身の意に沿う外科医を先生の傍らに立たせるでしょう。すると、その外科医は神の心をもってメスを握らざるをえなくなります。ですから、この手術を受け入れることは先生の敗北を意味することになりません。むしろその逆で、先生は信仰の枠を広げたことになるはずです」

手術は東京女子医大病院で行われた。幸いにも、メスは世界的に知られた心臓外科医H教授の手に握られた。そのことも含めて、すべてが鷹野氏と家族には奇跡にしか思えないような経過をたどり、現在に至っている。

一方、話はかなりさかのぼるが、1976年頃の山﨑誠医師は高橋氏とは逆の経験をしていた。そのケースでは、山﨑医師がメスを握る側にあったのだ。ただ、残念なことに、それが正確にはいつの出来事だったかを、彼の記憶からも診療記録からもたどることができない。当時勤務していた八代病院はすでにないからである。しかし、その患者さんについては昨日の出会いのように覚えている。

その人は当時26歳の青年、詫間宏和氏（仮名）だった。交通事故に遭って救急搬送されてきたときにはすでに生命の危険が迫っていた。急性心膜炎、すなわち心タンポナーデの患者である。それは、外部からの衝撃により、心臓を覆う心膜と心臓との空隙（心嚢《しんのう》）に心嚢液や血液が貯留して心臓本体を圧迫するというものだった。ところが、山﨑は消化器外科の医師であって、心臓血管外科は専門外だった。しかも初めて遭遇する症例である。

だが、そのことで逡巡《しゅんじゅん》している時間はなかった。覚悟を決めたとき、医学部の学生時代に学んだ知識が反射的に蘇《よみがえ》ってきた。それによれば、自分はただちに穿刺《せんし》による貯留液の排出処置を行わねばならなかった。穿刺とは、注射器同様の穿刺針を患部に突き刺し、体液などを採取する行為をいう。心タンポナーデでは、心嚢に同様の処置を行い、貯留している液体を速やかに吸引排出しなければならない。

しかし、いったいどの部分に、どのように穿刺したらよいのだろう。頭の中の知識と目の前の現実との間に、恐怖にも似た壁が立ちふさがった。心臓に突き立てる針の行き先が少しでも狂おうものなら、取り返しのつかないことになるからだ。だが、どうしても救わねばならないと心に決めた瞬間から、何かが変わった。彼はどこまでも澄み切った沃野《よくや》の真ん中に立っていた。すると、神の手のような気配が現れ、穿刺針を握る彼の指先を心臓に誘導し、穿刺すべきポイントを明確に指し示したのである。その先からは教科書通りだった。ただちに血液が混入した心嚢液が吸引され、心臓を圧迫する因子が取り除かれた。青年の生命への危険は回避されたのである。

この出来事を通して、山﨑医師は神の存在を二通りの形で感じた。一つ目は、今お話ししたように、彼の指先を誘導した、目に見えない何者かの手である。もう一つは、そのとき採取した心嚢液だ。それについて彼はこう語る。

「血液は外に出ればたちまち固まるものだ。ところが、心嚢液の中の血液は、いつまで経っても固まらない。神さまはすごい仕掛けを造ったものだよ」

そして2014年2月19日早朝。私は、名戸ヶ谷病院の理事長となって30年を経る山﨑ドクターの回診に同行した。この詳細については前章でレポートしたとおりなのだが、その同行の終了時にドクターが語った言葉が私の耳に深く刻まれている。広い食堂での豊かな昼食が済んだあと、私は医局の奥のテーブルに案内された。ドクターと私が向かい合って座るのと同時に、温かいコーヒーが運ばれてきた。彼はかみしめるように口を開いた。

「医者というのは、神と人との間に立ってメスを入れる人だね。だがね、本当の医者は、メスを入れずに治す。内科医なんてまさにそれだよ」

それは「外科医だけが本当の医者だ！」と誇らしげに語っていた、以前の彼の言葉とは正反対のものだっただけに、私は山﨑誠が積み上げてきた歳月の重みを感じずにはいられなかった。そこで奇しくも語られた〝神〟という言葉について、少しばかり吟味するのもいいだろう。

どこを向いても正面

――神の顔はどこからも見ても正面である。神には横顔や後ろ姿は存在しない――

その人の精神的欲求を反映して、神についてのイメージはさまざまな形をとるが、どのような場合でも人格を持つ点で共通している。もし神について人格を持つ人格神としてイメージできないのであれば、私たちは神の姿を見ることも声を聞くことも、そのことばを理解することもできないだろう。ましてや、その実在を確信することもできない。

ところが、神学を内在する多くの哲学は、皮肉にも神を論理的に扱い過ぎるあまり、人が到達し得ない天上的な形而上学の隅に追いやってきた。その一方で、宗教の多くは、神の人格面を強調するあまり、行き過ぎた情緒的戒律の中に押し込めている。そしてそのいずれもが、人と神との交流を妨げてしまうのだ。

ゆえに、神についての非論理的な言動を笑ってはならないし、無宗教者の想像を非難してはならない。神は、それを信じる人には、その信仰を満足させるような形で臨み、それを信じない人には、彼の救い主が神ではなく、何かほかのものであるかのように臨んで、彼の自尊心を満足させるからである。

このように、神はそれを信じる人には実在の証を見せ、信じない人には非在の証を見せる。そうすることで、さまざまな人々の癒やしと救いを立ち上げることができるからだ。こうして神は、実在であると同時に非在でもある存在、すなわち絶対存在たりえているのである。

幼児には幼児に理解できて、語りかける神がいる。少年少女たちには彼らの感性で寄り掛かれて、自立を促す神がいる。熟年男女には自尊心をくすぐり、重荷を振り分けてくれる神がいる。老年男女には痛みを分かち合い、永遠を見せてくれる神がいる。さらに、それぞれの人の課題に合うカードを用意して、最良の手立てを講じる神がいる。神は、私たちの思考と感情の数だけの懐を擁しているのである。

このような神とは、この巨大な宇宙を存在させている意識である。それは、最低でも9段階の気づきのレベルによってこの宇宙を目覚めさせている宇宙意識にほかならない。それは、意識だからこそ私たちに内在するものとなる。私たち自身が意識的な存在だからである。

宇宙意識を、水中に根を張る蓮《はす》の地下茎に譬えてみよう。太い1本の根から無数の茎が立ち上がり、その先に葉と蕾を生じ花が開く。これらの花々は宇宙意識より生じた個別的な意識、すなわちあなたや私の自己意識にほかならない。ゆえに、この宇宙に生じるすべての存在は、みな宇宙意識という名の分母を共有する分子としてのいのちである。

このように、私たちを含む一切のものは、神という分母を共有する存在だから、何を見てもそこに私たち自身を見ることになる。そしてその向こう側に神の正面の姿を見ることになるのである。

第4章　よりましな生きかた

そば屋の落書き

―悪は多言を弄し、善は無言を通す。月の光のように浸透して―

山梨大学医学部付属病院の近くに、味で評判のそば屋があった。大学付近ということもあり、医学部の学生もよく出入りしていた。縦に四畳敷きの客室の隅には、落書き自由の大学ノートなんかが備えてあって、匿名の学生たちのメッセージが躍っていた。１９９０年代のことである。私は、注文の品が運ばれてくるまでの短い時間にそのノートをパラパラめくるのを楽しみにしていたが、その中に今でも気掛かりのまま心に残っている、こんな書き付けがあった。

「こんな医学部は人間をダメにする！　だれか助けてくれ！」

その叫びに目を留めた別の学生の殴り書きが、余白を支配していた。

「そんなことでどうする！　根性のないヤツは医学部を去れ！　オマエなんかに用はない！」

この二人がその後どのような道を歩んだかは知る由もないが、思い起こしただけでも滅入りそうになる。人間の病の癒やしを目指す学府でありながら、人と病の認識に大きな課題を抱える牙城としての大学医学部。今さら言うまでもないが、医学部のカリキュラムの中核をなす西洋医学は、心身二元論を擁するキリスト教的な身体観を背景に、飽くことなく繰り広げられる戦争を通して発達してきた。とりわけ前者においては、身体は魂の道具にすぎないという認識が生み出され、心と身体の自己同一性を示す心身一如の真理は見失われていった。

だが今日では、身体に張り巡らされた高度のフィードバック回路が心と直結していることが知られている。この回路は神経系と循環系として知られる2系統だが、これに目に見えない免疫系を加えて、人間は3系統から成るとする主張もある。どの系統も、ある意味で神の働きをリアルに見ることのできるシステムであり、二元的に理解されがちな心身を、一つの原理の両面性として成立させる高度な魔法の具現なのである。

身体の統合性を正しく理解することは、身体の地位を機械的な自動人形以上（魂）に高めることではあっても、あなた（魂）を自動人形の地位に引きずり下ろすことではない。そして、この統合性と両面性に目をつむり、部分だけに着目していては、医療そのものがグロテスクな医術だけのものになってしまう。「だれか助けてくれ！」と叫んだ学生の言葉は、全体から切り離されて異形に変じざるを得ないいのちの、悲しい呪文のように響いてならないのである。

迷医の水彩パレット

―個を載せている網の端をつかまえよ。そのうえで関係性を見よ。そして評価せよ―

画学生の素質は絵の具を溶くパレットに現れるという。チューブから絞り出された絵の具が、虹の色合のように順序良く並んでいるか、混ぜ合わせた色が濁っていないかがチェックされる。素質が疑われる学生のパレットは鈍く沈んだ水底のように鬱屈《うっくつ》し、それがそのままキャンバスや画用紙に投影されることになる。

ところが、私が画学生だった頃、そういうことには無頓着な同級生がいた。女学生のそのパレットには、絞り出し方の順序を無視された絵の具が氾濫していたのだ。だが、どういうわけか、そのパレットで調合される色彩には屈託なく澄んだ華やぎがあった。仕上げられた作品のさまをイメージするよりも先に、その色はどこに置かれたときにいちばん喜ぶかを想像し、素材が持つ個性の側から考えることのできる人だったのだ。だから、造形的にはお粗末ながら、彼女の作品には、色彩の魔術師と言われたピエール・ボナール（1867-1947年）の画面を彷彿とさせる輝きとハーモニーが存在した。

1997年のことだった。ある日、私の手元に1枚の絵はがきが届いた。それは玄人はだしの筆致で描かれたチューリップの水彩画で、〝Oyachi〟とサインされていた。この年の3月まで山梨大学医学部の学生だった、大矢知昇の直筆のサインだった。同年4月からの富士吉田市立病院勤務を経て、現在、山梨県立中央病院の小児外科に勤務する外科医である。

彼は、自分では出来の悪い医学生だと思っていた。医学部のルールにはうまく乗っていけないのを感じていたからだ。その彼が、ある日の夕方、教授に叱られたと唸りながら、私のところにやってきた。実習のオペの手順が何度やってもイメージできず、レポートも書けないのだという。話を聞いているうちに、彼の貴重な感性が見えてきた。私たちは、ふつうなら、ある文章から全体像をイメージする。ところが、単語の一つ一つに特別な意味を持たせる人は、その単語を連ねて文章をつづろうとはしないのだ。単語が持つ独自の意味と輝きが失われるのを恐れるからである。その結果、彼は全体像を描けなくなるのだが、これは欠点ではなく、その人にしかない独自性である。ボナール似のあの女学生のように。

「だったら、オペの手順をイメージするのをやめて、全部を単語で覚えればいい。大矢知君には大矢知君のやり方があるのだから」と私は告げた。

大学医学部から付属病院へと続く長い回廊を、教授を先頭にした〝大名行列〟が近づいてくる。ゾロゾロと研修医が付き従うその最後尾の、さらに数メートル離れたところを、白衣のポケットに両手を突っ込み、靴底をすりながらヨタヨタと歩いてくる男がいる。あの大矢知君だ。私と目が合う。曖昧な苦笑いの奥で、「こんなの、やってられないですよ！」と訴えている。患者一人のケアの場というよりも、学府の権威発揚装置のような組織とその住人たちの居城。医療という名の全体像と大義はあっても、個の輝きと正義を欠いたシステム。そんな欺瞞《ぎまん》に対する嫌悪と反発心が、彼の歩幅となって現れていた。そこに、昇級試験や授業ばかりか、大学自体を拒絶した私自身の姿が重なって見えた。

それからしばらく経ったある日、彼は水彩画を始めると宣言した。そのパレットには、まだ全体のイメージは浮かんでこない。だがそこには、あくまで患者の側に立つとした彼の決意を示すように、色彩豊かな絵の具が用意されている。その彼が最終的に選んだのは小児外科だった。

ドクター・ヤマザキの運命

—唯一である、あの〝智慧ある者〟が私を通して成そうとする限り、私は尽きることがない—

仕事の関係で医学部やさまざまな病院の医局への出入りを許可されていた私は、医師の間で交わされる会話のタブーにも触れることがあった。それはまさに安直なドラマを見ているようでもあった。会話のほとんどは次のようなものだった。

「なにっ、腎臓患者に心臓薬を投与し続けていただと。それをだれが気づいたのか？　師長か。それでどうなった！　しかたがないだろう。患者の家族には体力が持たなかったと言うしかない。とにかくここへ薬局長を呼べ！」

内視鏡の挿入ミスで患者を死亡させたケースでも、この病院の医師たちは患者の死亡原因を患者の体力の問題にすり替えていた。このようなすり替えと〝指導〟を受けた若い医師たちが、苦痛を訴える患者のエピソードを茶飲み話にしている光景など、それほど特別なことではない。

だが、ドクター・ヤマザキは違っていた。彼は酔いがまわる頃になると、やおら「人を殺したことはありますか！」などと唸り始め、あげく「カジンさん、教授がなんて指導しているか知っていますか。患者を一人殺してやっと一人前になれるんだって私は言われましたよ」

その教授は医療ミスによる死亡事故は避けがたいとでも言いたかったのかもしれな

いが、ヤマザキにはとても許される発言ではなかった。言うまでもなく、彼は命を救ってこそ医者だという純粋な使命感を持っていた。この先、百人、いや千人の命を救おうとも、失われた一人の命が蘇るものではない。彼は、師を反面教師として本来のあるべき医療現場を実現しようと決意したのだ。そしてその決意が彼を鬼にしてきた。

しかし、その〝鬼〟が、医療ミスとは無関係なところで人を死に追いやってしまったと自責しなければならない事態が起こる。1985年から約29年間、山﨑誠を傍らで支え続けた長谷部頼子・事務局長が突然逝去したのだ。享年73歳だった。彼女は、院内におけるさまざまな意見を代表して、当時の院長・山﨑に直言できる数少ない職員であっただけでなく、院長付き秘書のように寄り添い続けていた。重要ポストで活躍した末の奮死だったが、その死への責任を免れ得ないとする自責の念が、払い除けても降り積もる雪のように、山﨑の両肩を染めていくのである。

だが、その長谷部女史は、死の直前、自らの死期を予感したかのように、山﨑に私信をしたためている。そこには、感謝の言葉と山﨑をねぎらう言葉がつづられている。例えば「社会医療法人の申請をするということは、一番、理事長先生のご家族の皆様に大変な影響を与えることで、大変なご決断です。血の出るようなご苦労があったからこそ、今があると思います」などとあり、そこにはむしろ、そのような山﨑の辛苦の運命を共有できたことへの誇りと満足感が漂泊しているのである。

私は人を死に追いやったことがある。実際に生命を奪ったわけではないが、私のせいで辛苦を余儀なくされた人がいる。支払うべき代償は明らかだろう。私の罪を知る、さる新興宗教団体の旧知の者が、「あなたにはたくさんの業があるわ。ぜひ私の家に来てお浄めしなさい」などと勧めることもあった。ただ、過ちを犯したのは私であって業ではない。業が私にそのような過ちを犯させたのではなく、犯した過ちの結果から生じるのが業だ。ただ、その結果には、常にその結果を修正する手掛かりが託されている。その負託を〝業〟と言う。だから、業は過ちを犯したその本人しか解くことはできない。しかし、その解法はどこにあるのだろう。自分は特別な人間なのだという意識が、さまざまな自己正当化を試みさせ、その利己主義に陥っている間、解法は見えてこない。

そう、ドクター・ヤマザキに訊ねよう。あなたは特別な人間なのだろうか、と。

私はこう答えよう。

「あなたも私も特別な人間ではない。それは、何か特別な罪を犯すような特別な人間ではないという意味でもあるし、特別でないものを特別なものに変えてしまえるような人間でもない」と。

それにもかかわらず、私たちは、自分があたかもそのような存在であると考えてきた。その結果、私たちはその思い込みにふさわしい形を引き寄せたのである。一人で背負わねばならぬような罪は存在しない。単独ですべてを解決できるという特別な気負いが、かえって解決困難な問題を生み、私たちを解法から遠ざけるのである。

死に場所教えます
―生かすより殺す方が難しい。人を救いうる人間は死に場所を心得る―

真実が明るみに出た、今になれば、思い起こすだけで悪寒が走るその男は、無言電話を入れた直後の深夜に、ホースで排気ガスを車に引き込んで自殺した。死に場所を探し求めたあげく、男が命を絶ったのは、私たち家族の住居一帯が見下ろせる段々畑の、身動きができない袋小路だった。かつらが車中に転がり、虚飾に満ちた生活が砕け散っていた。

実を結ばない夢を追いかけ続けたその男には、私たちにうかがいしれない秘密が、沼の汚泥のごとく積み重なっていた。繰り返す詐欺、窃盗、多額の借金、姦通、そして離婚。強盗と殺人を除けば大抵の悪に手を染めたような男だったのだ。これらの驚くべき所業を、私は通夜の席でその男からじかに聞いた。もっともそのとき、男はすでに真新しい棺《ひつぎ》の中の死体と化していたのだが。

私がこの男と出会ったのは、１９８９年のことだった。近所にオープンしたばかりのカラオケスタジオのマスターで、気の弱そうなところを除けば、誠実さと純粋さが感じられる、30代前半の小柄な男だった。しかし、その見かけとは正反対の生活歴があったことを、私は死後になって知る。いや、実のところ、男の悪は純粋過ぎるその性格と表裏一体をなしていたのだろう。場をわきまえない真実は虚偽に等しく、真理を欠いた善は悪に等しいようなものだ。そしてその男と私たち夫婦が彼のスタジオで出会ったことが命取りになり、スタジオは詐欺師の噂もあったオーナーとともに壊滅に至るのである。

「あの男を殺したのは、ヤマモトさんだよ!」

このような非礼極まりない言葉を、私は年配の民生委員の角谷実（仮名）氏から浴びせられた。それも、この地区の市会議員の当選祝いの席で。その民生委員は地区の自治会長を務めたこともある名士だったが、私の面前で自らの正体をさらけ出した。しかし、ある意味でその暴言は的を射ていた。まさに、私と妻があの男に引導を渡したようなものだったからである。

私たちは、事あるごとに、男から持ちかけられる相談に乗っていた。彼の過去や素姓などのプライバシーにはまったく関心がなかったから、知っていることは何もなかった。ただ、救いを求めて頼ってくる人があれば全力を尽くす。それがはじめから私たちに与えられた使命だと考えていた。だから私はそれに従い、妻はこのことになんの下心も持たなかった。おそらくこれは、これまでの私たちの生涯で、初めて他者のために無心に対応できた瞬間だった。しばらくするうちに、男の口を突いて出るのは、オーナーへの非難と生活苦を訴える言葉ばかりになっていった。それでも彼を疑うべき根拠を持たなかった私たちは黙々と耳を傾け、時には同情しながら励まし、あるいは唯一の生命保険を解約して相当額の借金返済費用を援助した。ところが、男の言葉の半分以上はまったくの作り話であることが、彼の死後に判明するのである。

１９８７年12月17日夜のことだった。近くの小料理屋では私が属す自治会の組主催による懇親会が開かれていて、宴もたけなわな頃に私のもとへ一報が入った。あの男が行方不明なのだという。三日前に２回目の失踪を企てたこともある気の弱い男だ。私と妻起死回生を賭けた職場での夢が萎《な》えつつある今、何をしでかすか分からない。

は宴席を跳ね、車に駆け込む。登校拒否を続けている男子高校生の一人息子を後部座席に押し込み、深夜の闇に向かって突っ込んでいった。腕時計は21時30分を回っていた。

男が話していた深山に向け、東へ東へとひた走る。ある夏の深夜、スタジオが引けてから私をカブトムシ採集に案内してくれたこともある深山だ。だが、はじめから何も発見できないことは分かっていた。実は、この捜索に向かうスタート時点で、私たちには神秘な力が働いていた。そのとき、すでに私は、男が死を選ぶ場所についての明確な直感を得ていたからである。2時間にわたり、私はその直感が示すのとは正反対の方向にハンドルを切り続けたのだ。心の奥で、直感が指し示している「そこに行ってはならない」と、執拗にささやく声があったのである。

後日、私は実際にその場に男が立ち寄り、1回目の自殺を企てているのを目撃した人物に出会った。もし私たちが捜索開始時点で抱いた直感に従っていたなら、男を発見し連れ戻すことができただろう。しかし、もしそうしていたなら、私と妻は引き返すことができない場所に、確実に追いやられていただろう。「そこに行ってはならない」

と私を引きとめた〝智慧あるもの〟からの声がすべてであった。

翌日の10時30分、男の死体が発見された。通夜の席での私と妻は、男の親族の中で唯一のよそ者だったが、彼に私たちのような見知らぬ友人がいたという事実が、一同に安堵と感銘を与えているようだった。私は棺の前に正座し、背後を気にすることなく両手を合わせた。涙がとめどなく溢れた。だが、その生理とは別に、この男にはまだしゃべりたいことがたくさんあったはずだ、という思いが込み上げてきた。いや、それどころか何かを隠している。何か重大なことを。私は無言のまま、合わせた両手の隙間からのぞくように問いただした。

「これがあなたのすべてか？　言い残したことがあるはずだ。まだ遅くない、みんな聞いてあげようではないか。さあ、何か言ってみてくれ！」

するとその直後に、想像もしなかった恐ろしい事実が私の脳裏に浮かんできたのだ。それは、冒頭で記したような事実のほかに、私たちの行為を背後で裏切るような忌まわしい出来事の数々だった。これについては関係者の多くが生存するため、これ以上言うことはできない。続いて私は衝動的に、またほとんど無意識的に、奥の親族たちに向かって謎めいた大声を上げていた。

「彼の埋葬の前には、衣服をはがし清潔にして、〝全身〟に白い粉の化粧を施してください！　そうしなければ彼は浮かばれないのです！」

なぜそのような処方を口走ったのか分からない。そのようにするべきだと、心の奥の何者かが命じたのだ。この言葉に妻は青ざめ、動揺は痙攣《けいれん》のように全身を覆いつくした。男の体には、これまで思いを寄せた女性全員の名前が刺青してあることを、妻は知り合いの地元警察官から知らされたばかりだったのだ。そんな事実を知る由もない私は、ただ沈痛な思いで臨席していたのだが、秘密は暴かれ、この死者を葬るための正しい所作までが示されたのだった。身体に他者の名を刻まねばならなかった男の不条理な生は、親族による慈しみといたわりの化粧を享《う》けて、条理ある白く清い死へと昇華されねばならなかったのだ。位牌に男の実名が正しく記されているのも救いではあった。

その男、岡田修一（仮名）氏の生涯はすべて、裏切りと失意と虚飾の連続だった。その彼にとっては、真正面から自分を受けとめる人の出現など、望みえないことだったのだ。その唯一の例外となった私たちは、同時に彼の死刑執行人となった。私たちを裏切れないと思えた瞬間から、彼は積み重ねてきた罪の重さと、私たちの存在自体に耐え切れなくなったのである。長い間死に場所を探し続けてきて、その末に巡り合ったのが私たちだった。皮肉にも、彼に敵意と悪意が臨んでいる間、死はなく、彼に懺悔《ざんげ》と善意が蘇るのと同時に訪れた死であった。それは、死してなお救われるいのちの、一つの形でもあった。

それ以来、救いを求めてくる人に私が無私の手を差し伸べたなどということはない。この数奇な体験から、私は、人を救うことはできないと信じるようになってしまった。いや、自分の利害を捨て去る自己犠牲の覚悟なしには、救いを実践することなどできないと考えるようになった。そしてその覚悟による行動が死を招いたとして、その死自体は他者には計りがたい救いとして立ち現れることもあると思えるようになったのだ。その点では、山﨑誠医師は、私がなしえない自己犠牲心を実践しているように見えてならない。もしそうなら、こう言ってこの項を締めくくるべきだろう。

「だからこそ、これからも死を恐れずに立ち向かっていただきたい」と。

師に会ったら超えよ

―目的地が見えなくなるとき、限りなくゴールに近づいている―

心の奥で起きていることを知りたくなったら、ためらわずに一人で行動することだ。ふだん自覚しない自分を知りたくなったなら、あなたの意識下の世界を映し出す、奥まった山道を訪ねるがよい。そこにあなたが見るのは、これから未来にかけて明確になろうとする、もう一つのあなたの姿なのだ。

空にはいくらか涼やかな光が射し、夏の血のたぎりを絞り出すように、萩が乱れ咲いている。その彼方の峰のあたりには、ありきたりの雲がたなびき、谷底は駆け下りてきた風に洗われている。このような山の景色が息苦しいほど、私の心はふさいでいる。私はもっと別の世界に会いたくて来たのだが、それらの風景とともに、弟や子どもたちが後に従っている。彼らを目的地まで案内したところで、私はもと来た道を引き返す。傾き始めた光を浴びているとよけい苦しくなる。影が真下に落ちない分だけ、心の澱《おり》が背後に回り込んで尾を引き、私と世界とを引き離しているのだ。

このまま帰るわけにはいかない。三日前に友人たちと来て発見した蝶の群れを目指す。そこでは黒や緑に輝くアゲハ蝶たちが、甘い薫りを漂わすクサギの白い花に群れていた。茫然と見つめる私の傍らで、友人の一人は網をひと振りし、すくったばかりの幻のような生き物を差し出す。それを受け取る少女の指先で、蝶はいのちそのものの輝きをまき散らしている。指先を振りほどこうとする翅《はね》の筋肉は激しく痙攣し、少女はその力強さにうろたえる。手にして初めて分かるいのちの力なのだが、それを指先に留め措《お》くことはできない。殺してしまえばその輝きは失せ、放してしまえばすべて白昼夢に帰していく。両立しえないものがあり、どう転んでも所有できないものがある。

それゆえに所有を放棄してこそ生かせる術があり、生きられる形がある。山﨑誠医師が自ら立ち上げた総合病院を〝社会医療法人社団〟としたのも、自ら所有を放棄することの宣言だった。自分のものにならないし、してはならないものに個人の栄誉と名義を与えることはできなかった。せめてすべてを〝中間（バドル）〟に措いて自他の利益を超越し、生と死の周囲に絡みつく苦悩の源を絶ちたかったのである。そしてそれは彼が反面教師とした医学部時代の師の影を、乗り越えた瞬間でもあった。記念すべき2013年のことである。

少女の指先から逃れた蝶はどこにいったのか。あの日の場所に向かって私は滑り落ちていく。おっ、いるいる！　影の中で墨のように輝く生きものたちがいる。すっかり日は落ち、己も花も沈んでいるのに輝いている。死を超越した魂の次元としての、バドル・ソドル。意識と無意識が光の速さで入れ替わり、われを捨ててこそ成り立つ世界が展開している。

今も人生の究極的な解答なる〝悟り〟を求めてさまよう人たちがいる。迷路から抜け出たいなら、悟ることができないのが悟りだと諦観しなさいと私は友人に言う。悟りの果てにもその先があり、究極的な解答などというゴールは存在しえないとも。あなたが自分に適《かな》った道を進んでいるなら、目指したゴールは近づくほど見えなくなり、気配すらも感じられなくなる。ゴールが見えるようでは、あなたはあなた自身の道を踏み外している。そのあなたが自身の道と一体の真理を前にするなら、あなたの淡い期待や甘美な希望のすべては崩れ出す。悪しき予定調和のサークルが解かれつつある証拠として、何も予測できないあなたが立ち現れる。こうして生涯で最も苦しい瞬間が訪れるのだが、このようなときこそ死を経ずに生まれ変わりがなされようとしているのである。

真の進歩の途上にあるとき、あなたはその道筋を見ることはないだろう。その道筋をはしごのように俯瞰《ふかん》できるなら、あなたの人生は実に用心深く設計されている。しかし、幸か不幸か、あなたの可能性はその枠組み以上のものだから、人生設計から悟りには至らない。あなたは水のようである。水のありようをあらかじめ設計することはできない。それは、形あるものとないものの両方を併せ持ち、色彩のあるものとないものの両面を兼ねながら、そのいずれでもないからである。そこで、あなたが究極的な解答という名のゴールを追い求めるなら、あなたはあなたの中の定まりのない想念だけを引き出し、仙人の気配だけに引きずられる人になるだろう。また一方で、そのようなゴールを目指さなければ、あなたの可能性は自分への執着なしには形をなさず、現れた形はだれの利益にもならないものとなるだろう。

このようなわけで、心が見せるゴールという名の幻は、人を生かさずに押しつぶす。

悟りを殺さずには悟りえず、悟りを語る師を乗り越えずには悟りえないのである。

見果てぬ夢に向けて

―他者のために何かを為したいなら、自分が今為したいと思うことに集中するべきだ―

「自分の子どもが病気になっても、任せられる病院がない。だから私は安心して任せられる病院をつくるんだ」

呑み交わす酒の席で何回か聞いた山﨑誠医師の言葉だった。いつもは呪文のようにしか響かない彼のつぶやきが、このときだけは神官の祝詞のように清々しく弾んでいた。私が彼と知り合った運命の日から約2年8カ月後の1980年12月11日夜のこと。いつものようにアルコールの入ったドクターから、ついに病院を設立するとの電話が入った。あれは本気のセリフだったのだ。

「千葉の蛍の里に138床の病院を建てる。新興住宅地で将来の発展も望める最高の環境だ。建設に13億8千万ほどかかる。そこで病院の名前について、何かアイデアを出してもらいたいね」とドクターは告げたが、32歳を10カ月ほど過ぎたばかりのサラリーマンの私に、そのスケールがどれほどのものか分かるはずもなく、病院名のアイデアの提示など恐れ多いことだった。

ほどなくして夢の実現に向けての第一歩が踏み出されたが、個人資産は皆無に近かったと独白する山﨑ドクターにとっては、気が遠くなるような建設資金の調達が最大の難関として立ちはだかろうとしていた。そして、この過程の中で彼自ら「まさに神さまからの導きがあったとしか思えない」と語らしめる、最初のミラクルストーリーが展開を始めたのである。

建設資金の融資を受けるには2種類の保証が必要だった。その一つの医療保障については某社が請け負うことになったが、担保条件として山﨑に突き付けられたのは、医師5名による連帯保証人の署名だったのである。彼はその5人を求めて医学部時代の学友を回ったが、この恐ろしい証書に名を連ねたのは2名に留まり、惨めな結果をさらす事態となっただけだった。医療のあるべき姿を熱く語り合った親友たちは山﨑の無謀さに恐れをなし、運命共同体となることを忌避し、ことごとく去っていった。

「このとき私は人の心の奥を見ました」と山﨑はつぶやく。

おそらく、この頃に前後して、私に電話が入った。それは、不足している保証人の数を埋めるのに協力してほしいという趣旨のものだった。私はただちに山﨑の同級生3名の医師を訪ねたが、結果ははじめから見えていた。近くに見えていたはずのゴールへの入り口は、たちまち敗者がたどる終焉への入り口と化した。自己否定の当然の結末として、彼は死ばかりを考えた。そして、2回目の自殺企図の際、車の急ブレーキにより九死に一生を得た山﨑に、言葉では表しがたい何かが降りたのである。それは奇跡的などんでん返しとなって現れた。医療保障を請け負うことになっていた某社が、連帯保証人の人数不足に目をつむることになったからだ。山﨑は担当者から次のように告げられた。

「おいおい人数はそろえてください。先生には良いお友だちや患者さんが大勢いらっしゃることが分かりました。この件はこれで了としましょう」

風に揺れる地鎮祭のしめ飾りの輝きのように、山﨑の業が解かれる瞬間でもあった。

第5章　シークレット・ドクトリン

生きかた教えます
―およそ生きている間に死はなく、死のときにはその者に死はない―

それは山梨県内を未曽有の豪雪が襲った２０１４年2月14日の直後に訪れた。

１・４メートルを超える積雪が玄関先から立ちはだかり、周囲を埋め尽くしていた。以前から体調を崩していた私にとって、二日後の町内除雪作業は非常につらいものとなり、この作業が私の症状をひそかに加速させたのだろう。それから約２週間後の３月６日、妻の強い危惧を背に負いながら地元の診療所を受診した瞬間から、私のいのちのカウントダウンは始まったのである。すぐに看護師の娘・瑞穂が夫とともに開業するクリニックの助けを得て、私は妻とともに名戸ヶ谷病院に駆け込んだ。３月８日土曜日の12時直前のことだった。わずか20日前の2月18日に、私は山﨑誠理事長の回診に同行したばかりだったが、今度は患者として玄関をくぐることになったわけだ。それも、治療時期を逸した末期癌患者として。だがこれも、私自ら類例を見ないと自負する本書の完成には必要な条件だったのかもしれない。ベッドに横たわっていてこそ見えてくる世界があり、死に瀕してこそ見通せるものがあろうというものだ。

これまで1度も集団検診すら受けたことのない私だった。そんな私の65年間の空白を埋めるように、ありとあらゆる検査が開始された。MRI・CT・胃カメラ・腹部超音波・胸部腹部エックス線・心電図・血圧・血液等々、癌細胞の骨転移を見るシンチグラム以外のすべてといってよいメニューだ。決して検査成績の向上などというケチな算術から出た処置ではなく、「理解困難なのが患者だから、最悪の事態を予想して最善の策を講じる」という山﨑ドクトリンの実践にほかならなかった。

検査結果が絶望的な状態を示していることはあえて明かされなかったが、CT画像から全体の状況を把握することはできた。肝左葉は癌細胞によって埋め尽くされ、胆管入り口にも癌が認められた。私はただちに免疫機能を高める処方以外のすべてを拒否し、早々に覚悟を決めたが、死への恐怖はまったくなかった。死への恐怖は死に向かうときに本人を見舞う苦痛への、それも想像上の恐怖だ。いよいよ癌疼痛《とうつう》が増してくるようになったときには、癌緩和ケア療法によるモルヒネ系薬剤の投与によって乗り越えればよい。山梨県にもその専門クリニックがいくつか存在し、そのうちの二つは私をよく知る医師が開業している。

だから、死出の旅立ちの準備は早い段階で整っていた。およそ生きるとは、うまく死ぬことなのだ。死の瞬間まで本人らしくいられることと言い換えてもよい。その点で、緩和ケアは私の意識を本書の執筆終了まで、あるいは終焉に向けての活動終了まで清明に維持してくれるだろうし、そう期待しているのである。

それにしても、なぜこうなるまで放置したのかといった類の言葉は、どのスタッフからも発せられず、そのように患者を責める感情は患者をいたわる優しさに置き換えられていた。このような対応に感銘を受けた私は、ある看護師に、特別の指導があるのかを訊ねてみた。すると、彼女から返ってきたのは次のような言葉だった。

「患者さんの立場からすれば、そのように言われてもどうにもなりませんものね。こちらに来院した時が患者さんにとって一番都合が良かった時ということで、私が山本さんと同じ立場に立ったら、どうしても仕事を優先に考えて、そういうことになるでしょうね。今までのことを考えるよりも、これからどうするかを考えればいいことですから」

翌日、私は自分らしく考え生きる決意を深くした。私の考えでは、癌細胞はある理由によって侵襲性を持ってしまった正常細胞の、悲しい姿である。それは酸素呼吸なしで存在できる、生きているのでも死んでいるのでもない非生命の状態である。この考えに沿う唯一の選択肢としては、癌細胞を正常細胞に再生させてあげることしかない。癌遺伝子には癌細胞にかかっている〝魔法〟を解いて正しい道に引き戻すことのできる呪文、すなわち癌正常化暗号が存在するはずだ。だから癌を攻撃し排除しない。2度も殺してはならないのだ。また共存もしえない。そのどちらでもない第3の道として私にできることは、癌細胞を憐れみ、正常細胞に再生するよう思念することしかないのである。

だが、何がこのような癌を私の肝臓に発生させたのだろうか。その原因が明らかにならなければ、私の〝思念〟も肝臓に届かない。この日はそんなことに思いを巡らせていた。肝臓癌の多くは、血液を介してのB型またはC型肝炎ウイルス感染によると考えられている。汚染された点滴針や注射針、穿刺針等が感染ルートとされるため、これらは今日では厳重な管理下に置かれているが、そうではない時代があった。汚染された針の使い回しによる医療ミスが多発し、私の身近にもこれが原因で亡くなった者もいる。私自身にも採血や献血を行った時期があり、いずれも使い回しが行われていた時代でもあった。ウイルス感染があったとするなら、その頃なのだが、今となっては知る由もない。

逡巡の末、私がたどり着いたのは、青年時代に私が死に追いやった、ある魂のことだった。今でもその瞬間のときのことを鮮明に覚えている。私は自分の心の奥で何かが弾けるのを感じた。緑を増したマサキの艶やかな葉が、初夏の陽射しを跳ね返していた。それらのすべてに、いつか私に返ってくるかもしれない天からの報復のサインが潜んでいるように思えた。しかし、尊大であった私の傲慢さが、これらのサインをことごとく呑みこみ、ごまかし、やり過ごしてきたのだった。

私によって死へと追いやられたその人の魂は、いったいどこに行ったのだろう。あれこれ考えた。そして、たどり着いた先は私自身の肝臓だった。しかも、私によって人としての生を否定されたその人が、自ら生き延びる方法として、非人間的な無酸素呼吸を選んだとしたら。その選択が悲しくも〝癌〟という異形となって現れたのだろう。それが妄想にすぎないものなら、逆に私の心の奥のこのような思いが、癌を引き寄せた可能性はあるだろう。だから、この日から私はお腹に右手を当てながら、こう語り続けることにしたのである。〝つらかったね。苦しかったね。どうか正しい細胞に生まれかわって、私と生きてください〟。

妻や子どもたちをはじめ、著作を通して私のこれまでの哲学を知る多くの人たちは、自然治癒力や宇宙意識による癒やしの奇跡を説く私が、なぜ自分を癒やせないのだろうと疑問に思い、混乱に陥るかもしれない。そんな人たちに、私はこう断言しなければならない。私の肝臓癌は病気ではないから治せないのであると。その理由は今、記したばかりだ。私は自分の罪にふさわしい結果を引き寄せたのであって、その結果を真正面から正しく受けとめない限り贖罪は果たし得ないのだ。その覚悟ができなければ、私は新たに生まれたその先で、今以上に苦い果実を収穫しなければならなくなるだろう。したがって、これはまさに神による赦しが行われようとしている証にほかならないのである。

いろいろと思いを巡らせているさなか、遠方に出張中だった山﨑誠理事長が私のベッドサイドに現れた。すでに私の検査データのすべてに目を通し、事態を掌握したであろう彼の目には、「カジンさんともあろうものが、なぜこんなことになったんだ」という苦渋と悲痛の思いが浮かんでいた。そして言った。

「カジンさんは、私の寿命は75歳ですと言ったじゃないですか」

35年前にそう言ったことは確かだ。だが、私の直感は幸いに的中することはなく、翌日に彼は78歳を迎えようとしていたのである。そこで私は言った。

「先生に私の残りの寿命をあげることになったんでしょうかね」

本当は妻に贈るべきセリフなのだが、ここで敗者になりたくないという私のせめてもの抵抗が、口を突いて出たのだろう。同行の医療スタッフらは、私たちのこのような奇妙な掛け合いを食い入るように見入っていた。

夜になり、点滴の交換に一人の若い男性が来室した。初めて出会う、外科病棟の長谷隆多看護師である。彼は作業の手を休めることなく、私の心の先回りをしながら、ひとこと漏らした。

「山﨑理事長先生は神さまのような人です。今までにいろいろなエピソードは聞いていたんですが、外科病棟に来てから先生に接する機会があり、分かりました」

私はあの山﨑誠が、患者ではなく職員からここまで尊敬されていることに深い感銘と安堵をおぼえた。尊敬する理由についてはあえて聞かなかったが、あくまで患者側に寄り添う山﨑の姿勢の徹底ぶりに、神の姿を見たのだと言葉を継いだ。

二日後の院内で開催されることになる、グランド・カンファレンスの席上、山﨑誠は「だれでもここに来る人は助けを求めて来ているんです。そのような人と命懸けで向き合わなくてどうするんですか」と医師団を叱咤《しった》激励していたが、それが彼のパフォーマンスではないことを如実に物語る長谷の言葉だった。

入院三日目となった3月10日、この日までに予定稿量の約三分の一の執筆を終えた本書の原稿を、私は山﨑誠理事長にお渡しした。医療用語や日付等のチェックをしていただくためである。それに基づいて、明日は改めて理事長の取材をさせていただくことになった。残された時間内に本書を完了させせねばならない。このためにノートパソコンをお借りするなど、万全の態勢を敷いた。

私が初めて理事長回診の際に同行した看護師長が、今は私の専任看護師のように対応してくれている。理事長のコラボレーターとして、院内全体のコーディネーターとしての役割を担う豊島悦子・急性期看護管理師長だ。この役割は看護部を超越して院内を縦・横断的に指導できるという、彼女1名だけに与えられた特権的なものである。水戸日本赤十字病院で手術部の看護師長を歴任の後、名戸ヶ谷病院に入職。すでに18年になるというベテランだ。その彼女が、私のインタビューに答えて言う。

「理事長は、私たちを医師と同等に扱って指導してくれます。先生と知り合ってから18年ですが、ぶれることなく患者中心です」

後日、長谷看護師はこのような豊島師長について「すごく尊敬しています。病棟はあの人でもっているようなものです」と評している。

その直後、私は久慈悦子看護部長（60歳）からお話を伺う機会を得た。

「勤務したてのころは何回も辞めようか思いました。でも、この病院が患者さんの側に立つことを徹底しているのを見て、心が変わりました」と語る久慈氏は、自分の職の本質を悟らされたことで、自分自身の立ち位置をしっかりと見い出すことができた。ある意味で患者さんも自分も〝ともに救われる〟現場に根を下ろすことができたのである。

少年少女だった頃の自分に思いをはせていただきたい。ズボンの裾をたくし上げて川の流れにつかり、両手のひらで水をすくい上げようとしたときのことを。腕を差し伸べているときは、たっぷりの水が手のひらに収まっているようにも思えても、実際にはほとんどがこぼれ落ちて、せいぜいコップ1杯程度の量しかすくえなかったことを。初めて〝身の丈〟の意味を悟る出来事である。

おそらく、その人が与える量も与えられる量も、またいのちの量も両方の手のひらに収まる程度に決まっていて、それで過不足なく計られているのだろう。久慈悦子氏はそのようないのちの量と、それゆえにその大切さを悟っていて、静かで過不足のない姿勢を貫いている。だれからも奪わず、だれにも余計なものを与えず、あたかも観音のように光を行き渡らせているのである。よほど苦労されてきたのだろう。それがなければこのような境地には達し得ない。

久慈氏が去った後のまどろみの中、決して夢ではない不思議な幻を私は脳裏に見た。私の左わき腹の肋骨部分の下から、黒い小さなネズミが跳び出てきて、そのまま空中に消滅したのだ。そこは癌に侵された肝臓の部位に完全に一致している。私にとってネズミとは、外部から侵入して内部を食い荒らす不浄な存在、悪霊のようなものの象徴だ。それが去ったというのであれば、何か良い兆候なのだろうか。

その逆のことがかつてあった。それは〝悪霊〟の存在など、本気では信じていなかった頃の私の体験である。２００４年1月26日早朝、私はまだベッドに横たわっていた。すると突然、扁平《へんぺい》な球状をした直径50センチほどの茶色のガスの塊が、私をめがけてまっすぐ突進してくるのである。恐ろしい毒と悪意に満ちていて、呑み込まれたなら大変なことになると判断した私は、とっさに般若心経の最後の一節を唱えるしかなかった。

もし呑みこまれていたなら、生死に関わる事態になっていただろうと想像された。実は、この頃私は非常にまれな舌咽《ぜついん》神経痛という病に侵され、体調は最悪だったのである。

グランド・カンファレンス

――大きな夢をみて進もうとする人は、周りの人の小さな夢を護るように心がけよう――

名戸ヶ谷病院では、毎週火曜日17時30分より、全医師団と看護師、事務方の有志等の参加を得た〝グランド・カンファレンス〟なる大会議が開催される。幸いにも3月11日がこの日に当たったため、私は図らずもこの会議に、妻とともに招待されるという栄誉に浴した。山﨑理事長とともに私が音楽祭などのイベントを開催できる大講堂の扉を開けたときには、会場はすでに大人数で埋まっていて、正面の大スクリーンにはこの日のテーマが映し出されていた。それには〈脱法ハーブによる電解質異常にて入院となった事例〉と記されていたが、内容からすれば〝行政の大義と医師の正義〟とでも言うべきものだった。

この事例では、ある若い精神科医が見過ごしてしまった疾患が、その患者と周囲に悲劇を招来せしめたという、深刻なケースが採り上げられた。当該患者のカルテも開示され、どこにどのようなミスがあったのかが、厳しく指弾された。

そのことから明らかになった事実は、すべてにおいて名戸ヶ谷病院の医療理念にもとり、山﨑理事長が描く医療の姿を裏切るものだった。患者を2回以上にわたって診察した青年医師は、目の前の患者の容態を矮小化し、行政への連絡や措置入院などの手段を講じることなく、院外に放ってしまったのである。

山﨑誠は改めて、自らの哲学を披歴して言った。

「ここに来る人は、だれでも助けを求めている人だ。私たちからみて〝了解不能〟だからこそ、癒やしを必要とする異常者ではないか。常に最悪のケースを想定して最善を尽くすことに尽きます」

彼の指摘はもっともだった。青年医師の説明は自己正当化の弁明に終始し、プライドと自己都合を優先させる論理が、問題を正面から受けとめる姿勢を妨げている姿を浮かび上がらせていたからだ。だからこそ山﨑はこうも言わねばならなかった。

「患者さんも命を賭けてくる。あなた方も命懸けでそれと向き合わねばならない」

治しやすい人を癒やしてナンボのものか。患者の疾患を矮小化するとは、まさに目の前の患者が重篤な疾患を抱えていても、〝治しやすい患者〟にでっち上げてしまう心理トリックである。このような詐術は、こともあろうに病気そのものではなく、人間を診る精神科医に許されることではない。誤診そのものが責められるのではなく、忌診が責められるのだ。目の前の問題から逃げれば、それは夕陽に向かって立つあなたの影のように、何倍にもなって背後に付きまとい追いかけてくる。どんなに克服が困難にみえようとも、逃げればそれは克服不可能に変じ、半永久的に解決の機会を逸するのだ。

赦しとしての死

――大人は心の伝え方が分かる。力の使い方が分かる。だから耐えられるし乗り越えられる――

〝死〟は生の否定ではない。日本人には発想しにくいことなのだが、次の生に向けての意味ある死というのがありうる。それを再生とか生まれ変わりなどと言うが、末期医療（ホスピス）の創始者として著名なキューブラ・ロスが死を肯定的にとらえた背景には、博士が死後の再生を信じる思想家の一人だったことがあげられる。この点は極めて重要で、人は死後に生まれ変わるという前提なしには、ホスピスケアの真の核は成立しないのだ。これもロス博士の思考の前提として指摘したいのだが、死後のより良い再生を果たせるようにサポートするというのが、ホスピスケアの発想の原点なのである。医療現場というロケーションを除けば、ホスピスケアで行われる〝看取り〟は、おそらく今でもチベットの僧院で行われている〝バドル・ソドル〟の儀式と本質を共有するからだ。この儀式は、死にゆく者が良い再生を果たせるように、本人の意識を誘導する儀式だ。この概念においては、身体的生理学的な死がただちに意識の消滅を意味するとは考えられていない。死から再生への中間過程（バドル）が存在し、客観的には死の状態にある本人には、ある超越的な感覚が働いているという。

したがって、死にゆく者には適切な教導が行われなくてはならない。これについてはこの後の章で、私がある植物から聞いた驚くべき知識についてお伝えしたいと思う。さて、このサポートは、本人の周囲を取り囲んでいる僧侶の、特別な拠点〝バドル・ソドル〟の読経によって行われる。ロス博士はこの経典の存在を知っていたはずだ。

彼女が医学を学んだ時代は、カルフォルニアを中心に、このような経典をはじめとする東洋の英知が広く紹介され、それは医学や理論物理学に多大な影響を与えたからである。

さて、ホスピスケアにおいては、患者の死への恐怖を取り除かねばならない。だが、その恐怖は消滅することへの恐怖ではない。なぜなら、本人は自分が死によって消滅するものだとは感じていないからだ。したがって、死の恐怖の核心は、その瞬間までの自分の人生がどのように評価され裁かれるかにある。その真理の背景にあるのは、言うまでもなく多様な悔悟と罪の意識だ。身内を残して逝ってしまわねばならないという事実は、このような意識を増幅させるだろう。

そこで、これらの感情を克服してもらうよう努めねばならない。彼は死にゆく自分を許してもらえる権威の到来を待つ。その赦しがなされた瞬間に、彼は安心して逝くことができるのであり、だれも自分勝手に死ぬことはできない。死は死ぬことを赦された人にだけ訪れる終焉なのである。ゆえに看取るものは、癒やしの権威を持つ者のように心を尽くさねばならない。それがなければ、彼は終焉を迎えることのない、ただの死者になってしまうのだ。
　このように、終焉を決して醜悪な死の形にしないためにも、看取る側は人の何を赦すべきか、何を救うべきかを真剣に自問自答しなければならない。その葛藤の中でこそ、死にゆく者と看取る側の両方に死を赦し受けとめる救いが成立するのである。

リ・インカーネーション

――生き物には固有の物語がある。その唯一性は時間を逆行したり重複しない時間の唯一性だ――

　1991年にNHKが行った世論調査によれば、死後の生まれ変わりを信じる日本人は、全体の約12％だったという。これを多いとみるか少ないとみるかは分かれるだろうが、「死ねば無に帰するという死生観は鎌倉以降の武士階級で発生した」（高橋克彦・談『サンデー毎日』1996年／12・8日号）にすぎないというから、実際には多くの日本人の潜在意識の中に、生まれ変わりの信仰のようなものが宿っているかもしれない。死とともにあなたは本当に消滅してしまうのだろうか。

消滅することへの恐怖。そのような暗澹《あんたん》たる思いが私を支配したのは、小学校5、6年生のころだった。臨海学校の海で溺れかけたこととか、記憶にものぼらないような出来事がほかにあったのかもしれないが、私は押し寄せてくる恐怖を払いのけようともがいていた。いつか、私は本当に消滅してしまうのか。消滅を運命づけられた誕生なんて、どう考えたってつじつまが合わない。果てしなく矛盾に満ちたサークルが子どもの脳裏を締めつける。そんな夜はこっそり床を抜け出し、重い木戸をくぐり抜け、天空の星のまたたきを浴びるために、私は菜の花畑のど真ん中に立ち尽くすのである。

そして、ある日の夜に私を見舞った、電撃のようなひらめきの瞬間を忘れることはできない。それはこうだった。すなわち、こうして天を仰ぎ、星を見ている私は同時に星に見られている私ではないか。それは星が私を見る瞬間でもあり、〝星の側〟から自分を見る私にほかならない。見るという行為・認識には両義性がありうることを私が悟った瞬間でもあった。自分を内側から自覚する自分と、その自分を外側から認識するやりかた、主観認識と客観認識の同時的な成立。それがこの私の中で常に起こっている、永遠的な営みであることを知った。それは〝神が私を想う心は、私が神を想う心である〟と語った、中世ペルシャ最大の哲学者・アヴィセンナ（980‐1037年）の言葉と一致するものであり、中世ドイツ最大の神学者、マイスター・エックハルト（1260‐1324年）の〝神はわれらなしでは生きられない〟という独白にも適い、〝主観と客観との間の究極的な帯は同一性でなくてはならぬ。その同一性は両者を結合する〈対自存在〉である〟、あるいは〝自我は自ら自己を定立する〟、〝そして自己自身の単なる定立によって自我はある〟（隈元忠敬『フィヒテ知識学の研究』協同出版／1970年）とした、近世ドイツ哲学の最高峰ヨハン・G・フィヒテ（1762‐1814年）の思惟とも重なるものだった。

私には私であることの気づき、すなわち主観認識がある。あなたにも同様に主観認識がある。このありふれた現実が私たちの幻想でない事実を、私たちはどのようにして知りうるのだろう。これが幻想でないとすれば、その理由はただ一つしかない。この宇宙は意識的な体系であって、私たちの認識主観、つまり〝私〟は、宇宙の認識主観を分母とする個別的な分子としての自己認識主体にほかならないということである。私の自己認識は宇宙の自己認識に組み込まれたものとして存在すると言い換えてもいいだろう。

そこで、私はこんな考えにいきついていた。主観的な実在である私の自己意識は、他の主観的実在者に継承されて成立されうると。人は何人いようが、自己意識なるものはただ1種類しか存在し得ない。あなたの自己意識も、その本質は主観というただ1種類の意識にほかならず、主観が重複して存在することはできないからである。そこで、私の自己意識が他者と同一であるなら、身体の終焉による生理的自己の消滅によっても、私は他の生理学的自己の意識となって失われることはない。かみ砕いて言うなら、私は新たに誕生する胎児の意識の中に、自己同一的に再現される。それは、みかけのうえでは、あたかも私の意識が胎児にリレーされたかのような形として成立するとも言える。私は自分を救い出すこのような考えにいきつき、やっと自己消滅という脅迫観念から解かれえたのである。

さて、あなたは死のあとに何があると考えるか。何もない〝無〟だと考える人でさえ、無を何か特別の存在であるかのようにイメージしていて、それは〝非在〟ではない。実際問題として、私たちは非在をイメージすることはできない。それは、考えること自体を拒絶する。

ホスピス医療が提唱されるようになって以来、死後の世界を議論すること自体は、科学者の間でもタブーではなくなってきた。わが国でもこの問題に取り組む教室や講座が現れてきている。例えば１９９１年から１９９２年にかけて開講された、長崎大学医学部公衆衛生教室の〈死学研究講座〉（池田高士講師）では、私の『宇宙意識の哲学的研究』（霞が関書房／１９７４年）が重要参考文献としてあげられたほか、前世の記憶を持つという人物を肯定的に追跡した、宮城大学教育学部の狩俣恵常教授のような研究などがあり、その件数は急激に増加している。

〝生まれ変わり〟はリ・インカーネーションとも言われる。東洋の語感にはない美しい響きである。それについての本格的な研究は今、緒に着いたばかりである。しかし、医療に携わる人々こそが、この問題について塗り重ねられてきたタブーを打ち破る日が来ると期待できるのである。

シルバー・コード

——ひらめきとはAでもBでもない第三の道、Cのことである——

芥川龍之介が1918年に発表した短編小説に『蜘蛛の糸』というのがある。地獄に落ちたカンダタという男の頭上に、救いの蜘蛛の糸が垂れてくるという物語だ。救いの手を差し伸べたのは、生前のカンダタに一つだけの善行を認めた釈迦だったが、男はこの機会を逸してしまう。自分だけが救われようとしたため、糸は男の手元で切れてしまったからだ。

実はこの物語を彷彿とさせるような、私自身の体験をお話ししたいと思う。

1999年2月18日深夜、私は東京都内のある警察署からの電話に打ちのめされていた。親友Aの身柄を拘束し、留置して取り調べ中である。二輪車による飲酒運転とひき逃げの容疑。Aから、あなたに連絡を取るように依頼された。署の責任者で田所と名乗る男はこのように告げた。ひき逃げとは穏やかではない。私は翌日上京し、本人に面会。その口からひき逃げの事実はないことを確認。私の心証は完全にシロだった。

しかし、状況の不自然さを疑われて、取り調べ時は拘置期限いっぱいに2週間にも及んだ。この間に検察庁に2度、身柄を送致され、徹底的な尋問を受ける。放置すれば冤《えん》罪もありうることが、警察の調書からもうかがえた。もし起訴され有罪になれば、関係者一同に累が及ぶ事態になる。

そこで私は、最初の供述を徹底するように指示。この間、私は相手方に連絡をとり、事件の詳細を把握。最終手段として弁護士を雇うとか人権救済委員会などに救援を求めなくてはならない。仕事に集中できない時間が流れる。

それから二日後の1999年2月20日のことだった。私は心の中で救いを求めながら仕事机に顔を埋めて黙想していた。数分が経った。本当はもう少し経っていたのかもしれないが、私には瞬時の出来事のように思われた。突然、まぶたの内側の空間が深まり明るさを増したように思えた。すると眼前に〝シルバー〟に輝く太いコードの端が現れたのだ。上からスルスルと垂れてきたというのではなく、下の端だけが確認できるコードが目の前に現れているのである。それと同時に〝このコードはゴールドのものと一緒に現れたり、ゴールドだけの場合もあるが、救われたいならこちらに絶対手を出してはならない〟という強いメッセージを受けたのだ。私のこの体験が睡眠中の出来事ではないことを、このとき隣で仕事中だった同僚の元社員・坂本美秀子（旧姓・鷹野）が証言してくれるだろう。

では、なぜシルバーでは良くてゴールドは悪いのだろう。これについては私が受けた啓示のままにお話しするしかない。そのどちらも私たちの英知を超えた力の現れなのだが、シルバー・コードは、それにすがる人の精神性や意識の度合いに応じる形で最適化されたものなのだ。原子力同様に超越的な力を用いようとする場合、常に誤用の危険がつきまとう。

このようなことは、その力自体に起因するのではない。超越的な英知や力を私たちがどのようにイメージするかによって、その力の現れ方が選択され帰結の方向も同時に決まってくる。つまり、シルバー・コードは超越的な英知とそれに伴う力が、私たちにとって最も安全で使いやすい状態になっていることを示す、ゴーサインにほかならないのである。

それは、言うならば私たち個人のために、宇宙の英知によって特別に配慮された結果であるとしか言いようがないものである。言い換えれば、私たちに働く宇宙の恩寵のような力が、私自身にまんべんなく感受されている証として、シルバー・コードの幻影が現れるということなのだろう。

これに対してゴールド・コードは力の偏った現れであり、それは私たちの危機を部分的にしか救い得ないのだ。シルバーを内科的療法に例えるなら、こちらは外科的な療法に例えられるだろうか。これは宇宙の救いの機能自体に偏りがあるということではなく、力の一部だけを取り出して自らの救いにあてようとしている、私たちの姿勢が見せている色なのである。そこでゴールド・コードを意識するなら、私たちは一時的な救いと、その直後にやってくるだろう試練の時の両方に直面せざるを得なくなるだろう。

この不思議な啓示のあと、私はAとの面会を予定していた使者に、次のような伝言を依頼した。

「馬鹿げているかもしれないが、彼にこう伝えてください。『あなたはまもなく不思議な夢をみるだろう。目の前にゴールドとシルバーのコードが現れる。それは救いのサインだが、ゴールドに触れてはならない。また、そのような夢を見ない場合には、つねにシルバーを意識するように。何かの問題で二者択一を迫られたときには、それが金や銀でなくても、シルバーをイメージできる方を選択してください。あなたがその場面に遭遇するなら、必ずどちらかに色分けできるように問題が提起されるから、今から何がシルバーのイメージに沿うかなんて考える必要はありません』と」

ついに、Aは不起訴になり釈放された。伝言のことだが、彼は私が予告したような夢は見なかったというが、あれ以来ずっとシルバーを意識し続けたという。

第6章　セカンドライフ

ＮＤＡとＯＢＥ
―死によって自己意識は消滅せず、私は個別的な自己として、この宇宙に再現される―

死の縁までいき、不思議な世界を見て蘇生したなどというエピソードは無数にあるが、身近に例を探そうとなるとそうあるものではない。この現象の最も注目されるのは、いわゆる生還者は、一度は生理学的な死を確認され宣告された者たちであるという点にある。この人たちは医学的には一度は死んだのだ。それゆえに、このようないわゆるＮＤＡ（臨死体験）は、それを信じる者には死への恐怖をいくらか封じる根拠にもなってきた。

１９８４年５月に山﨑誠夫人の文子氏を見舞った体験も、まさにこのようなものだったという。彼女は自動車事故により、大動脈破裂という甚大な傷害を負って病院に旦送された。ところが、夫である外科医の山﨑は不運にも、すぐには駆けつけられない場所にいた。悪いことは重なるもので、このとき長女の玲子医師（現在）は中学の修学旅行で不在だった。山﨑は喉がカラカラに渇ききるのを覚えた。その思いは〝旅行から戻ってきた娘の泣く姿を見たくない〝に尽きていた。

その一方、山﨑が大量の輸血を抱えて病院に向かっていた頃、非情にも夫人には死が宣告されていた。ところが、その夫人の中では特異な世界が展開していた。真っ青に輝く湖のはるか上空の天から、一筋の蜘蛛の糸が垂れていて、その端には4匹の仔羊がぶら下がっているのが見えた。それぞれ、高校1年の長男、中学2年の長女、小学校5年の二男、小学校3年の三男の4人であることが分かった。そしてそれを見た瞬間に夫人は蘇ったのである。

ここでは私が本書で取り上げた〝シルバー・コード〝が現れている。これは偶然だろうか。それはさておき、臨死体験はあくまで死に瀕した体験であって、死後に蘇生したという体験ではない。だから、このことから〝あの世〝のありさまを想像するのは妥当ではない。この当たり前の点はきちっと押さえておくべきだろう。問題なのは、医学的生理学的な死が必ずしも死ではないということにある。言い換えれば、生から死への移行段階では、生理学的にはモニターできない、もっと精妙なグレーゾーンが存在しうるといことだろう。したがって、人は死に対してもっと謙虚であらねばならない。

ＮＤＡと並んで語られる体験にＯＢＥ（身体離脱）というのがある。私がそれを経験したのは１９６１年のことだった。当時、小学5年生だった私は、母屋の一隅に兄弟たちと４人で就寝していた。深夜に近い頃目覚めた私は、隣の部屋とこちらを仕切る襖《ふすま》の隙間から、電球のオレンジの明かりが漏れているのを見た。まだ父母が起きていて、何かを語り合っているようだった。少し和らいだ気分になった私は、改めて天井を見上げた。すると奇妙なことに、その天井が少し降りてきているのだ。さらにそれは、私に向かって降りてきた。しかし、天井が降りてきているのではなく、私が空中に浮かび上がって、天上に近づいていたのである。やがて、天井板に触れるところまできた私は、横に滑るように浮遊しながら、自分がそこまで来た証を残そうと思いたち、右手のひらを押しつけてまわった。下から見る限りでは滑らかだった天井板は、近くで見ると毛羽立っていたが、不思議なことにざらつくような接触感はなかった。下を見ると、私のほかに兄弟たちの寝姿が見えたが、部屋の隅などは肉眼で見る方がはっきりしていた。一度両親に声を掛けようとして思いとどまった。なぜか「こんなところにいるのを見られたら叱られる」と思ったからだ。

翌朝、私は母に昨夜の冒険を話した。その証拠の手形も残っているはずだ。しかし、そのようなものは痕跡すらなく、ミシンにのって背を伸ばしても届かない高さを、滑らかな天井板が覆っているだけだった。

娘の瑞穂と丹哲士夫妻の長女がこのような体験をしたのは、2007年4月16日夜間のこと。長女3歳11カ月のときのことだった。彼女の体験の稀有《けう》なところは、自分自身が描いたスケッチ（挿画参照）が存在するという点である。このスケッチで青く塗られた人物像は本人で、オレンジは母親の瑞穂、グリーンは父親だ。

そこで、まず挿画の右半分の説明をしたい。下に黄色い線で囲った円は自分たちが寝ている部屋のスペースである。その中にクロスの入った楕円が5個あるが、これは窓を描いている。窓はどれも同一平面に描かれているが、これは部屋を上から見たためだという。真ん中に小さな青い円が描かれているが、これは長女本人だ。その彼女が自分を離脱し、2段階にわたって上昇していくさまが連続的に表現されている。

さて、上昇の先にあるのは〝空〟だ。それは青い楕円で囲まれるように描かれ、本人は雲にのっているのだという。黄色く塗られているのは星で、これらの星が満天を埋めて輝いているせいで、まったく恐怖を感じなかったという。

左半分を見てみよう。やはり青い線に囲まれた空が表現されているが、これはもう一つの空、未来の自分たちの様子なのだ。ここでは長女は大人に成長していて、その頃に第2の妹が誕生するというのである。その妹は長女の足下に紫で描かれている。

身体離脱経験者が、同時に自分の未来を〝透視〟したという話は聞いたことがないという点でも、このケースは特異なものである。

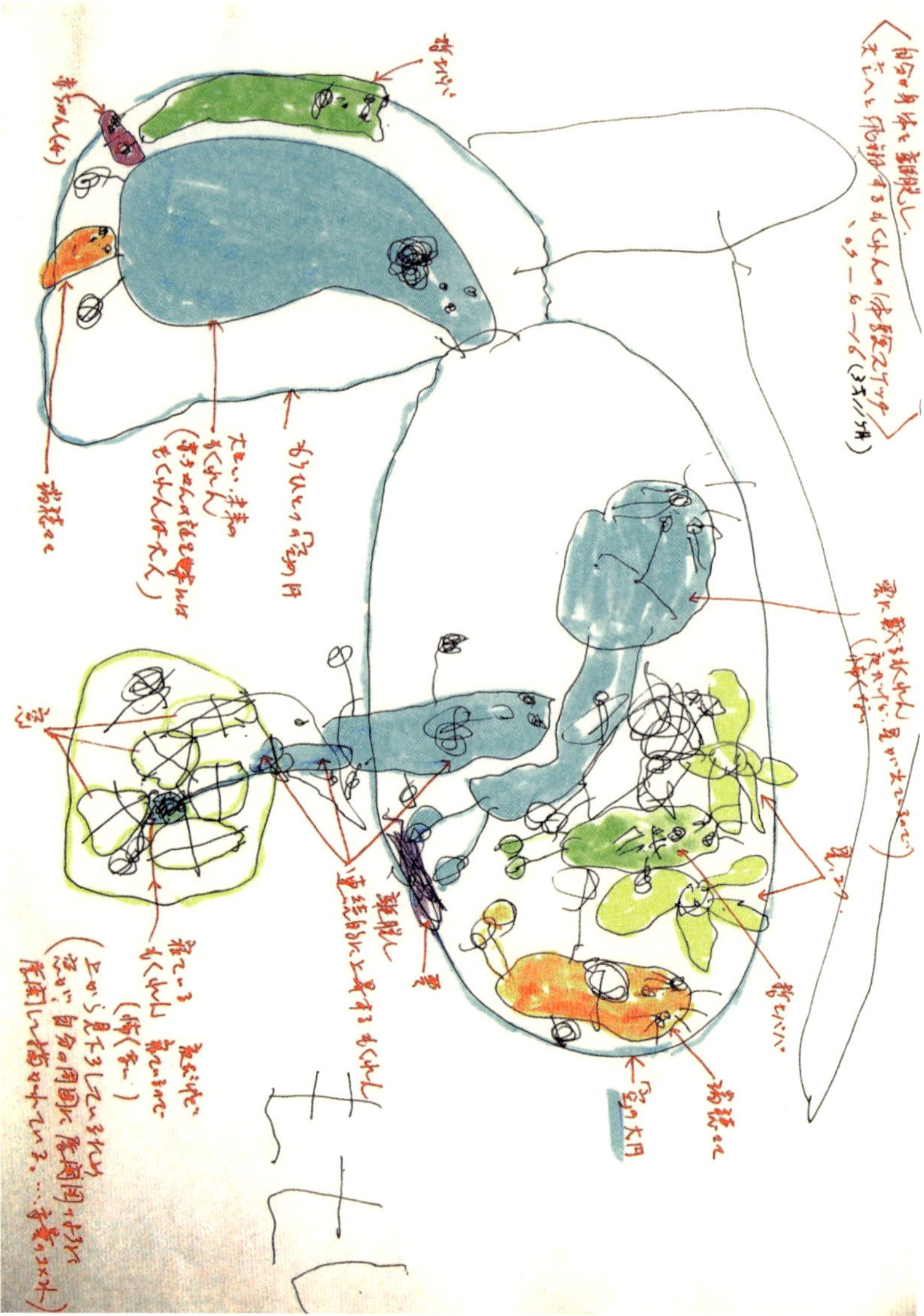

◆OBE―身体離脱①

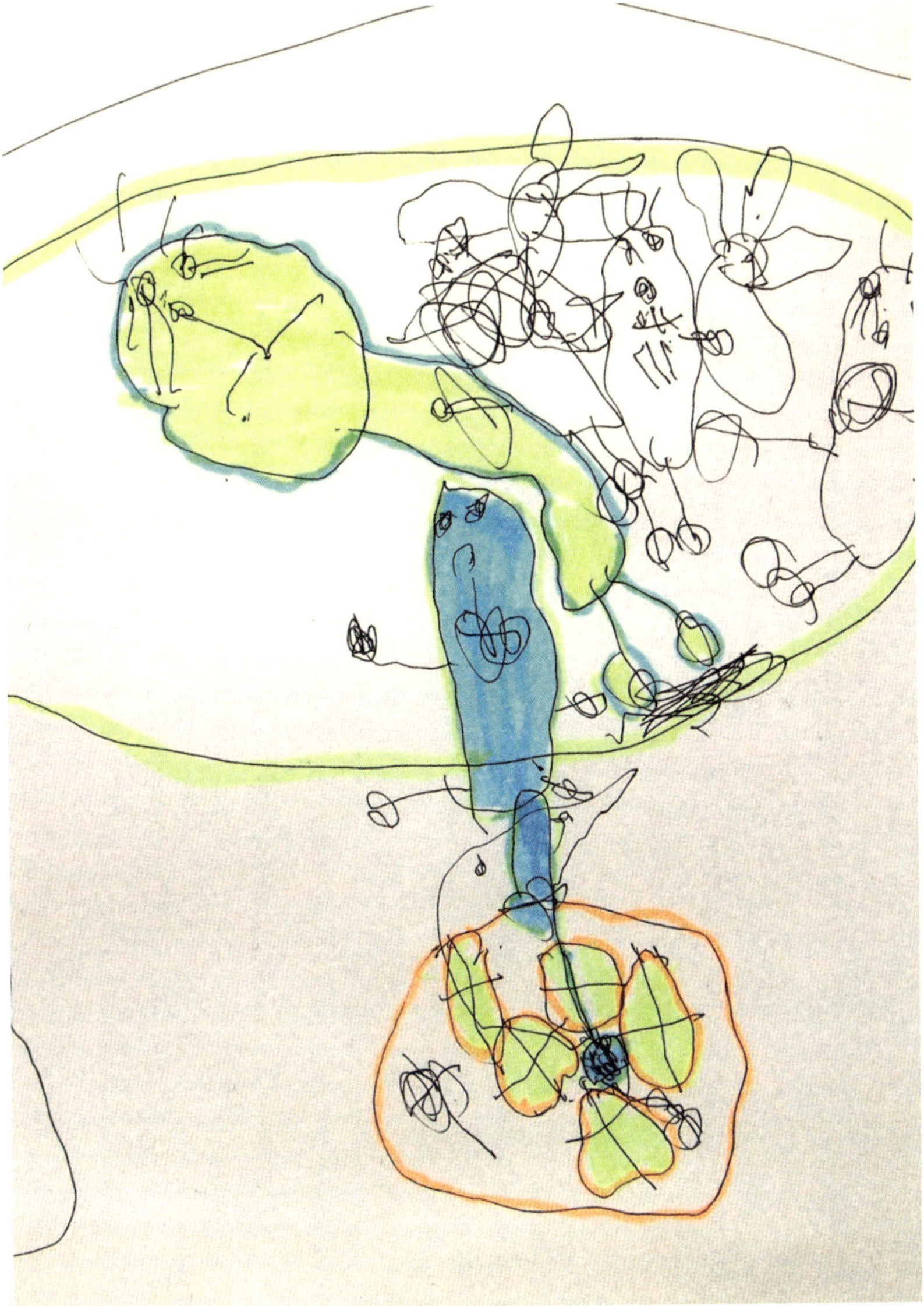

◆OBE－身体離脱②
スケッチ①の右半分の拡大。自分を離脱した長女は“空”（黄色いライン上）に上昇し、雲にのる。足下に線状の塊の雲が描かれている（着色は著者）。

天使の翼を見たか

――存在するとは、存在それ自体を超えることであり、存在することですでに超越しているのだ――

ナースのことを白衣の天使などと呼んだのははるか昔のことで、今は本人たちも自分をそんなふうに思っていない。まあ、天使ということになれば羽根とか翼がつきものだ。古代や中世の美術をひも解けば、いくらでも翼をつけた人間の像を見ることができる。

いうまでもなく、これは天使が神の居どころである天に関係する存在であることを強調しようとして生み出されてきた、象徴的な表現形式にほかならない。だが、なぜ翼があることによって天が強調されることになるのだろう。空を行く鳥と人間を合成すれば、天使のイメージを引き出すことができると考えてのことなのだろうか。

山梨県富士吉田市役所健康増進課の看護師・杉本正世は、あるはずのないその翼を見た一人だった。宗教的な幻視としてなら、このような目撃体験に枚挙のいとまはない。しかし、それは宗教的病理に属す事例であって、神も仏も知らない杉本が体験したこの現象は特筆するべきだろう。

それは彼女が5歳のときのことだった。当時、東京都大田区のアパートの2階に住んでいた彼女は、幼児にはいかにも危険な階段を昇降しなければならなかった。そのことをだれよりも心配していたのは両親だったが、不幸にもその心配が現実になる日がやってきた。

その日、階段にさしかかった彼女の足を、外出したくてはやる心がすくった。たちまち彼女は最上段から仰向けのまま転落し、地表に達した。ところが見えているのは階段の中央あたりではないか。その位置は、地表に立ってみた場合の自分の身長よりも少し高いところなのだ。どうも空中に浮かんでいるらしい。足が着いている自覚もない。ふと頭の上を見ると、なんと絵本で見たようなドーナッツ型の天使の輪が浮いている。そればかりか、背中からは手のひらサイズの白い翼が生えているのだ。すると、左の肩越しに美しい天使の腕が現れて、手招きする。その方向に体が吸い寄せられて、飛んでいってしまいそうな力が加わってくる。その力に彼女は必死になって抵抗した。

「その力に従うとすごく気持ちが良いのだけれど、そのままだと戻ってこれないということが分かる。抵抗しなければそのまま死んでいたと思う」

たかが幼児の牧歌的な臨死体験などと思うなかれ。実は人間の体からは通常の条件では見ることのできない光が発せられている。〝オーラ〟とか〝バイオエナジー〟などと俗称されるが、その一つに肩甲骨からまさに翼のように放射されることのある光が存在する。この場合、このような翼は、実際に柔和さと精神の高みを目指す願望が高まっている際に出現する。どうやら、翼のイメージは空想の産物として切り捨てるには謎が深いのである。

トワイライトゾーン

―与えた分だけ与えられ、奪った分だけ奪われる。いのちはエネルギーの保存法則に従うから―

檜山正志氏（仮名・当時63歳）は山梨県の著名な宝飾店の長男。店名を出したら知らない人はいないほどの老舗だ。もし何事もなければ、氏は父の後をついで経営者に収まっていたことだろう。ところが働き盛りの身体を、冠動脈疾患という病魔がひそかにむしばみ始めていた。彼の不思議な実話である。

手術は成功し、ほどなく郷里の山梨県に戻る日がやってきた。しかし、神戸から山梨までは数百キロもあり、健康体でもつらい距離だ。そこで彼は、道半ばの京都にいったん宿泊して、体を休めることにしたのである。おかみに案内され、落ち着いたたたずまいの和室に通される。そこでどんな会話があったか知らないが、初めて味わう生の実感、あるいは生還の感慨が満ちてきていた。それが証拠に、彼は床の間に生けてある数輪の菊の花に、まっすぐ心を奪われていた。

「すごく立派な花だなあ」

思わずつぶやいていた。これまでそんなふうに生け花を愛《め》でたことなどなかった。それどころか、花自体に興味を持ったこともない。

「ああ、おれだ。うん、今京都に着いたところだ。ああ、少し疲れたけれど大丈夫。ところで親父の様子はどうかな」と電話を入れる。電話の向こうでは妻が応対していた。その妻が、糖尿病で床に伏している父の様子を伝えてきた。どうやら父も元気で、心配するほどのこともなさそうだ。

「分かった。そりゃあよかった。ああ、これから風呂だ。飯はそのあとだ」

ひととおりの電話を済ませてから部屋に戻り、すぐに入浴。ゆっくり浸かっているつもりだったが、なんといっても手術後の体である。そうそうのんびりできるはずもない。部屋に戻ると、すぐに夕食の膳が整えられた。浴衣の裾をはらい、床の間に対座して食膳に向き合う。

そして、箸に手をつけようとしたその瞬間のことだった。目の前のあの菊の一輪が、あっという間に花びらを落としてしまったのだ。数本生けてある中の一本だけが。花びらは黒光りする欅《けやき》の板の上に冬の光の粒子のようにはぜていた。

「あ、あの菊、き、気味が悪いなあ」

「どうかしましたか」と仲居が訊いた。

「飯を食おうとしたら、花びらが落ちてしまったんだよ」

そこで仲居は、おかみさんを部屋に引き連れてきた。

「この菊、今朝生けたばかりなんですよ。気味が悪いですねえ。どうしたのかしら」

などという会話を交わした。

最初に菊に心を奪われたのも変と言えば変だったし、その菊の1本だけがあっという間に砕け落ちるなんていうことも、あまりなさそうである。彼は動揺を押し殺しながら食事を済ませ、床に就いたのだが、目に見えないトワイライトゾーンで事態は思わぬ方向に進んでいたのだ。すでに熟睡中だった彼は、深夜の電話に叩き起こされた。

電話の主は山梨の妻からだった。

「お父さんの容体が急変したのよ。危ないからすぐに帰って来て！」

「危ないって言ったって、さっきまで元気だから心配ないって言っていたじゃあないか」

頭の中で会話が駆け巡る。すぐに帰郷の準備をして旅館をたった。

だが、父はその直後に息を引き取っていた。糖尿病性の多臓器機能不全が直接の死因だった。するとあの菊は父の死を予告し、それを自分に告げようとしたのだろうか。

彼は神秘的な現象を信じない人だったが、これればかりはそう思うしかない出来事だった。おそらく彼の深層意識に生命的共鳴を起こした菊が、この不可思議なメッセージを中継する装置のように働いたのかもしれないのである。

星になったお父さま

――その苦しみはあなたの希望と成功のイメージとの落差から生じている――

とてもメルヘンが似合う男性には見えないところがメルヘンなのだが、その出来事を語る影山博之（当時41歳・学研メディカル秀潤社営業部長）の目は今にも溢れだしそうに潤んでいた。丸みを帯びた黒縁の眼鏡はおしゃれな書生風であり、背筋が伸びた堂々たる体躯《たいく》は武道の達人を彷彿とさせた。その彼にメルヘンの見本のような体験が舞い降りたのだった。

２０００年2月15日深夜のことだった。彼は出張先の埼玉県から茨城県の実家に向かって、高速道路を疾走していた。入院中の父の容体がおもわしくなく、病室で付き添ってあげたかったのだが、重要な商談の最中であったため、それもかなわなかった。まずは実家に行き、母を安心させてから翌朝に病院へ向かう予定を立てた。

ふとわれに返ると、自分の前にも後ろにも車はなく、すれ違う対向車もいなかった。いくら深夜とはいえ、これはどういうことか。いったいどうなっているのか。まるで、この世とあの世の曖昧な境界、どこまでも透き通った闇が連なるトワイライトゾーンのど真ん中に滑り込んでいるような感覚が襲ってくる。どれほど経ったのだろうか。ずっとにらみ続けているはるかその先、仰角にして約40度の東の空に、見たこともないような金色の流星が現れたのである。だが、その流星はただの星ではない。まずその大きさ。これがゴルフボール大ときて、しかも水平に走っている。ふつう流星は上から墜ちてくるものだ。ただ、隕石の大気圏侵入角度によっては水平に見えることがあるが、比較的まれである。

そこまではいいとしても、まぶしいばかりの金色の輝きはなんとしたことか。しかもその星は、クリスマスツリーの頂上に飾りつけてある五ぼう星ときている。どうやら〝ＵＦＯ〟でもなさそうだ。すると次の瞬間、星はさらに輝きを増し、ついに四方の天空に砕け散ってしまったのである。

「おやじが来てくれた！」と彼は思った。腕時計に目を凝らすと、ちょうど午後11時。なぜかその時刻がしっかり頭に刻まれた。それからしばらくして実家に到着したところで、彼は驚くべき事実に出合うのである。父の死亡時刻は午後9時40分と知らされたからだ。そして、遺体は病院からすぐに実家に運ばれたのだが、その到着時刻がちょうど午後11時だったのである。

「いやあ、あの星の形には笑いました。まるで子どもが描く星なんだから。おれってイメージが幼稚なのかなあ」

そこで私は、「これこそ星になったお父さまって話だな。でも、人は死んだら星になるみたいな言われ方って、世界に共通しているね。どうしてなのかな。人が肉親の死を無意識的に感じて、強い共鳴を起こすと、そのような幻覚が現れるのかもしれない」などと応える。それにしても、なんとも不思議な話である。私の推理のように、そのとき彼と父との間で無言の会話のような共鳴が起きていたなら、その度合いは父を案じてひたすら車を駆るさなかにいっそう強化されていったに違いない。そして急にトワイライトゾーンにでも滑り込んだかのような感覚に襲われた瞬間は、まさに父が息を引き取って冥府へと——私に言わせれば再生へと——旅立ったその瞬間だったように思えてならないのである。

フェニックス
—死に偶然はない。孤独な死もまたない。何ものかが必ず汝の葬送を果たすのだ—

雪女・座敷わらし・天狗・河童などと、わが国の民話にもさまざまなキャラクターが登場する。これらの人間じみた妖怪は、生活が自然界と深く結び付き、その恩恵を受けながらいのちの糧を見い出してきた時代の、私たちの敬虔《けいけん》な想像力と直観の豊かさを物語っている。それに比べ、現代人はこのような自然に対する謙虚さと恐れを失ってしまったかのようにみえる。それでもむせかえるような夏の豊潤さを目の当たりにして、だれもが意識の底にいのちへの驚きを溜め込んでいく。その驚きが一見超自然的に思える幻影を誘うのだが、それも自然との顕著な共感現象にほかならない。

それは1987年秋のことだった。山梨大学医学部付属病院の7東病棟に勤務していた看護師・舟久保美恵子（当時23歳）は、夜勤に就くため病院の宿舎を出て徒歩で病棟に向かっていた。午後11時を少しばかり過ぎていて、月のない夜空を絹のベールのような雲が空を覆っていた。受け持ちの患者さんのことが気にかかっていた。熟年の域を過ぎて、今、末期癌と闘っている女性だった。

入院して以来、一心不乱に写経する姿が印象に残っている。病院の正門わきの慰霊塔が望める辺りまで来たときのことだった。この慰霊塔は、病院で亡くなった方々を慰めるために建設されたものだ。その上空10メートルくらいの空間に何か異変が起こりつつあるのを感じた。ベールに透ける満月のようなおぼろげな光が差し始めているのである。目を凝らしていると、その辺りの空間からかすかな物音が響いてきた。次の瞬間、光はたちまち輝きを増し、明瞭な輪郭が浮かび上がってきたのだ。なんとそれは、漫画でしか見たことのないフェニックス（不死鳥）ではないか。それがオレンジと金色に包まれて、1メートル以上はあろうかと思われる翼をはばたかせているのだ。こんなものがこの世にあろうとは。もっとよく観察しなければという気持ちと早く勤務に就かなければという気持ちの中で、彼女は混乱と動揺の極に達していた。

　それでもずっと凝視していたつもりだったが、数分後にはフェニックスは消滅し、いつもどおりの慰霊塔が闇の中に浮かんでいるだけだった。病棟に滑り込んだ彼女は、真っ先に今の出来事を看護師長に話したが、信じてもらえるはずもなかった。ところがそのとき、看護師長から告げられた言葉は、それ以上に衝撃的なものだったのだ。受け持ちのあの患者さんがたった今亡くなったというのである。時刻はあのフェニックスが出現した時とぴったり一致していた。

　いったい何が起きたというのだろう。患者の容態を気にかけながら病棟に急ぐ彼女。その二人の間に、目には見えない共鳴の糸が張られていたのだろう。その糸を通して患者さんは最後のメッセージを伝えていたのかもしれない。

第7章　新たな生へ

死の誕生からの準備
―二人の人生が結婚生活という舞台の中で重なり合う必要はないのである―

枯葉が斜面を覆いつくし、薄い光が辺りを包んでいる。ミヤマの春はまだ浅い。だが、目を凝らせばそこかしこに妖精たちが踊っている。薄紅色のミヤマスミレだ。何十回も鉱物採集に訪れている山で、今回もルチル（金紅石）目当てでやって来て、初めて出会う妖精たちである。小さなヤマセセリ蝶も花の蜜を求めて飛び交っている。私は枯葉のマットの上に寝転び、スミレたちに手を差しのべながら尋ねる。２０１２年５月５日のことだった。

「人は寿命が尽きたなら、その実体はどうなるのでしょうか。もしご存知でしたら教えてください」

吸蜜を終えたばかりの蝶が飛び去ったスミレが応えて言う。

「その実体は、私の蜜を求めて訪れたこの蝶に象徴されるような、宇宙のある力によって花粉のように運ばれます。実体は私の花粉に象徴されると言ってもいいでしょう。

花粉は仲間のもとへ運ばれ、受粉が行われます。人の実体もこの受粉の仕組みのように、別の身体（胎児）によって受持され、あなたが再現されます。つまり、死の際にあなたは蝶に例えられるような宇宙の力によって、この花粉のように次の誕生を果たすのです」

「この原理において、私が主張するGe共鳴は機能しているのでしょうか」

「私の花粉を持ち去る蝶と、受精させる別の蝶は同一の蝶であると見なすことができます。それが量子力学の原理だからです。したがって、受精は瞬時に成立し、このシステム自体あなたが言うGe共鳴に相当します。宇宙の力があなたの実体を担う瞬間、つまり、あなたの死の瞬間は、宇宙の力があなたを胎児に誘導する瞬間、すなわち、あなたが再生する瞬間なのです」

死の瞬間に人を次の生のステージへと導く、宇宙的なスケールの力が存在し、それが蝶のようなイメージとして現れるということらしい。そこで思いつく事実がある。蝶は人の魂とは切り離せない存在であると考えられてきた歴史である。例えば今井彰（日本蝶類学会会員）は、その著書『地獄蝶・極楽蝶』（築地書館／１９９２年）の中で次のように語っている。

「人間の魂が蝶に化して飛び舞うという話は、そのルーツをさかのぼれば、荘子の夢の中に蝶と化す有名な逸話にいきつくわけであるが、今日に至る歴史、民族、文化の中のあちこちに、この種の記録が散見される」

しかし、私がミヤマスミレから得たメッセージをもとに解釈すれば、蝶は魂の象徴や現れなどではなく、死の瞬間にその人に臨む宇宙的な力、あるいは宇宙意識の働きの象徴にほかならないということである。この概念だけでも十分に驚きなのだが、さらに知識を深めたくなった私は、翌日に別のスミレに同じ質問を投げかけたのだった。

それは、山梨県笛吹市の山奥で偶然発見した、希少種のエイザンスミレだった。存在感のある肉厚の薄紫色の花びらと、セロリのように四分五裂した葉片が特徴のそのスミレは、比叡山で発見されたことからその名があり、同種のヒゴスミレとともに、関東圏ではかなり珍しい種《しゅ》である。

私は小躍りしながらスミレの傍らに寝そべり、昨日ミヤマスミレに訊ねたのと同じ質問を繰り返す。するとたちまちメッセージが返ってくる。

「その蝶は、花粉にも譬えられるあなたの実体（魂）を媒介する〝霊〟に相当します。それが宇宙霊であり、宇宙の意識（宇宙意識）にほかなりません。つまり、あなたを新たに誕生させる胎児に媒介する蝶とは、死の瞬間における宇宙意識の働きのことを指しているのです」

さて、スミレとの二日間にわたる対話を通して、生まれ変わりについての知識とは別の、ある重要な事実に気づかざるを得ないのである。植物は自分の生態にのっとったアナロジー（直観）を、自分たちの固有な言語として有していて、それに基づいたメッセージを発信することができるという原理である。これは一種のアナロジカル言語であるため、メッセージの受信者はそのメッセージの意味を、受信者自身の言語イメージに直観的に翻訳することができるのである。

死から誕生へ
―自然界のリスクは、そのまま別のシーンでのフィードバックである―

２０１２年６月24日、私は５月５日にミヤマスミレから得たメッセージの確認を求めるため、山梨県富士川町の妙法寺の蓮池に向かった。用意した質問への答はすぐにやってきた。私の意識はすぐに美しい純白の花をつけている睡蓮の根元や水中に促された。

「私の根がこの池の水底に張られて四方に延びているように、この宇宙の無意識の海に、目覚めの意識のつながりが根を張り、いのちのネットワークを形成して結ばれています。その根から立ち上がり成長した茎の先端から、いくつもの花が開くように、死の瞬間のあなたは蝶の姿で幻視されるような宇宙意識に導かれ、あなたには花のように見える、ある母胎へと運ばれます。その時あなたは、私の地下茎のような意識のつながりを得て覚醒し、新たに誕生するのです」

なんと、無意識の海に中に、目覚めの意識のネットワークが地下茎のように張られているというのである。このイメージの中では、目覚めた状態の意識は、無意識という名の水中か、海底電話ケーブルのように埋設されているということらしい。この概念の画期的な点は、無意識から意識あるいは眠りから目覚めへの移行は、闇夜から夜明けへあるいは緑から紫へと移り変わる虹の階梯のようなものではないということにある。

翌日、私はまたあの画期的な知識を蓄積させたくなって、山梨県富士吉田市の富士の麓を訪れる。〝ゲイシャ〟という学名を持つ、日本固有種の美しい蝶クジャクチョウに出合う。この山麓での初めての出合いに感謝しながら、蝶が去ったヒメジオンに聞く。

「目覚めの意識と虚ろな半意識と眠りの無意識について、あなたが知っていることがあれば教えてください」

目の前の小さな花を通して、智慧あるものが間髪を入れずに答えてくれる。

「無意識の海の中に目覚めの意識が地下茎のように張られていて、ネットワークを構成しているというのはそのとおりなのです。そのイメージに準じるなら、半意識は意識のケーブルを、あたかも電線の被覆のように防護し、ケーブルのつながりを意味するいのちを、さまざまな危険から護る安全装置のように機能しているのです」

これも目からうろこが落ちるような概念である。レベルではなく機能として存在する意識のあり方が、今、初めて明らかになったのだ。半意識とは意識レベルの中間的な部分を指しているのではなく、意識の特別な機能のあり方だというのだから。

本書の『ブラインドサイト』の項で紹介したように、かつて私の娘が見たという〝天使のベール〟とは、実はこのような意識が投影されたものだったのかもしれない。そのベールとは、眠りにつこうとしている彼女の頭上から降りてきて、自分の周りをテントのように覆う光の粒子の集合体のことだった。家族全員が睡眠中はだれも自分を護るものがいなくなるから、ベールが現れて護ってくれるのだと彼女は語っていた。その〝光の粒子の集合体〟とは、実は半意識に対応する原子群のことではないだろうか。意識のネットワークが〝量子もつれ水素原子〟によって成立するＧｅ共鳴に対応するように！

◆ヒメジオンに止まる“ゲイシャ”蝶
富士山麓でこのクジャク蝶にお目にかかるのは稀である（著者撮影）。

つぐないと杖

―不満・不安・苛立ち・怒りの大きさは、感謝の心の大きさに反比例する―

２０１２年９月９日早朝、まだ訪問者のない高原に踏み入る。この一帯だけ、あのワレモコウが昔のままに風に揺れ、秋の到来を告げている。その一つに足を止め、語りかける。

「人は寿命が尽きた後に、どのようになるのでしょうか」

陳腐なまでに唐突な内容とタイミングである。答が返ってこない。そこで質問を変えてみる。

「私は今生での寿命が尽きた後に、どうなるのでしょうか」

するとたちまち明瞭なメッセージが戻ってくる。

「あなたは死の直前までの記憶のすべてをもって、新たに生まれます」

これは漠然とアルツハイマーを恐れていた私への吉報である。そこで私の質問は、さらに核心へと向かっていく。

「それはその瞬間までの私の行為を審判するためでしょうか。因果応報ともいうべき原理が働くのでしょうか」

「そうとも言えますが、あなたの旅はそれで終わるわけではありません」

わたしは少し苦しさを覚え、傍らの野アザミにその答の続きを求める。

「あなたは償うべきものをもって次のステージへの再生を果たします。しかし、それは苦痛と懺悔のための旅ではありません。私をよく見てください。私の葉の輪郭は産毛のような棘《とげ》に覆われています。しかし、私はこの棘によって傷つくことはありません。その棘は私自身のものだからです。これと同じように、あなたが自らの過失や罪をまさに自分自身のものとして受け入れ、それと一つになるならば、それはあなたを傷つける棘とはならず、むしろ新たな旅を支える杖となるでしょう」

私が再入院した際に見舞いに来室された37年来の親友の篠木裕二氏は、私の罪悪感情を知って、次のようなメールを下さった。そのやりとりから一部を紹介させていただきたい。

「いかがですか？　佳人さんと会っていると夜が輝いて見える。久しぶりに心の中で鐘がゴーンゴーンと鳴っているような高揚感をかみしめています。そう、三十数年間、そうであったように。これは、説明してもだれにも分からないだろうな。私の生涯の宝物です。お休みなさい。ゆっくりお休みください。天罰ではなく、しばらく休憩を求めているだけではないですか？」

「生前にこのような言葉をいただけるとは、財産の生前贈与のようなもの。ありがたく、涙ぐみながら返事しています。本日になって、奇跡は共有されてこそ奇跡なのだと悟りました。篠木君も奇跡を体験されたわけですね」

古刹《こさつ》の境内には四季折々時々刻々の物語がある。〝花の寺〟を自認する山梨県塩山の放光寺もその例外ではない。もとは花菖蒲の寺として知られたが、今では紫陽花や牡丹が中心になり、これに蓮の花が加わった。この日は前日の雷雨に洗われた後だけに、しっとりと薫る蓮の花が期待できた。２０１２年7月21日のことだった。参詣者の姿が消える一瞬を狙って、私は生きている和菓子のような蓮の花の前に立つ。そこで花びらの一枚一枚に触れながら、人間の死の瞬間についてたずねる。死の淵から生還したとする人たちの証言を耳にすることがあるし、本書でも山﨑誠医師の妻・文子氏の不思議な体験をご紹介したが、これだけでは本当のところは闇のままなのだ。そんな難問を、花に訊ねようというのだ。メッセージは、新たな参詣者が訪れるよりも早くやってきた。

「その瞬間、あなたはある種の薫りに包まれます。その薫りはあなたの意識の精神的道徳的なレベルを計るはかりのようなものです。麗しき薫りは高い意識の表れであり、醜い薫りは低い意識の投影です。それにより、あなたは自分自身の真実の姿を知り、自分の行方、すなわち新たな誕生先を悟るのです。そこで、この死の瞬間において、この薫りの良し悪しをバロメーターにして、自らの姿勢を正し、新たな生へと向かうことができるのです」

共有されてこその奇跡
――自己完結的な奇跡は奇跡ではない。奇跡は身内に共有されてこそ奇跡たりうる――

体調悪化の再入院は、小さな奇跡の連続になった。前兆はその日の朝の夢に現れていた。２０１４年3月23日。私は朝霧が立ち込める広大な森の中にいた。神々しい光が溢れ始めていた。やがて荘厳で軽妙な調べに載って、森林中の木々がダンスを始めるのだ。ときに大木を揺らし、ときに渦巻きのように旋回する木陰を演出し、全体が一定のリズムに合わせて身震いしながらダンスを続ける。まさに〝森のダンス〟とでもいうべき光景に私はわれを忘れて見入っているのである。目覚めると、これまでにないほど良好な体調が戻っている。

そして、私はそのまま、すでに予定されていた再入院になるわけだが、このころ山﨑誠理事長は大分県宇佐市の実家に帰省していた。新しい医療施設の建設に向けての準備もあってのことだったが、その傍ら、私の病気回復を願うための祈祷を行ってくれていたのだ。そのお祈りの対象になったのが、古くから山﨑家に伝わる、お堂付きの〝お抱え地蔵尊〟だった。平安末期から室町時代に建立せられたと思われる、由緒正しき地蔵尊で、かつて一帯の修行道の行者（山伏）が霊験を求めて参詣したこともあり、こんにちでも近所の方々の参詣が絶えることはないという。山﨑理事長はしばらくそのお堂に籠り、私のために祈りをささげてくれたのだと言う。

実は、このお地蔵さんの存在を、私は山﨑誠と初めて出会った38年前の、あの八代病院宿舎で〝透視〟していたのだ。それは、私が山﨑邸の敷地全体を透視して言い当てた際に〝東の入り口を入って北側に回り込むと、なぜかお地蔵さんが安置されている〟と指摘し、この一言も私が山﨑から信頼を得る決定的な契機になった、いわくつきの遺構だったのである。その地蔵と38年を経て間接的に面会している。

そして入院三日目の3月25日、私の検査データは異様な結果を示していた。とりわけ胆管癌の進行具合を示す高い数値のいくつかが鮮明な下降を示し、それは山﨑をして「カジンさん、奇跡が起こりつつある！」といわしめた言葉に象徴されていた。同時に画像を食い入るように見ていた超音波技師の表情にも、このような事例は見たことがないという感動がみてとれた。胆管の頸部分は癌に侵されて胆汁が排出されない状態になっていたのだが、その管の部分が、なんの処置も施せないでいたにもかかわらず〝開いた〟のである。その結果、私は胆管ドレーンをすべて外した状態で病院を去ることになった。

話は前後するが、おそらく山﨑が参詣中の３月24日、私は不思議な夢を見ていた。それはある開業医院の敷地内で開催される、夏祭りの準備でのことだった。庭でお手伝いの作業中に、私の着衣の裾に見たこともない、２匹の美しいタマムシが止まっている。１匹はルリナカホソタマムシ、もう１匹はアオマダラタマムシ。どちらも九州や沖縄一帯を主な棲息域とし、山梨県や千葉県で見ることはできない。タマムシは私にとっては、その美しさもあって奇跡の象徴なのである。しかも、九州を代表する甲虫類である。

こうして私の再入院生活は３月28日をもって終了するのであるが、この間を通して私は大きな気づきを頂くことになった。私は、本書のなかでも自分の人生を悔いのないように自己完結的に送ってきたなどと語り、友人にもそのように語っていたが、その私の姿は、妻の大きな反感を買っていたのだ。

いわく「自分だけ勝手なことを言って！　遺された私はどうなるの」

これに対して私は慰めの言葉を掛ける以外の手立てをもたなかったのだが、それはどうやら私の大きな勘違いだった。

奇跡物語（ミラクルストーリー）は、仮に私のなかで自己完結したとしても、妻や私を支えてくれた人々の中では成就も完結もしていないのだ。だが、今になって半ば奇跡的な思いを、例えば高木謹介や篠木裕二・祐子夫妻や飯田弘之、あるいは妻や子どもたちや兄弟たちや母親、山﨑誠や安藤誠、久慈悦子や豊島悦子といったスタッフの方々と共有することができたのであり、奇跡物語は本当に奇跡へとつながっていくのである。

全人的医療の構図
―その人の欠点は、しばしば好きになれないものによってこそ補われる―

私たちは神ではない。神のように振る舞うことができるとしたなら、問題や救いや奇跡を共有できたときに限るのである。全人的医療とは、医学や医術に偏ることなく、人に対して医療的対応を行うことである。医療的対応とは、医学の心得を持ちながら人に対して優しく接することである。それは必ずしも救急医療体制の完成によって得られるのでもなく、また救急医療体制の不備によって失われるものでもない。救急患者を断らないという大前提、不磨の大典は名戸ヶ谷病院によって完全実施され偉大な成功を収めてきた。これによって少なくとも関東圏内の医療の歴史が変わり、救急ネットワークは拡大している。

山﨑誠の理念は大きく実った。そして今や自らに課した大いなる緊張と呪縛から解かれ、受け入れ可能な患者に対しては全方位的に対応するという重心の移動によって、患者も医療者もともにたつ医療を目指すべき時代に入ったのかもしれない。その点で山﨑誠医師と名戸ヶ谷病院が懸命に目指している全人的医療は、単に現代医療の反転であってはならないのである。

はじめに優しさを求めてはならない。自分や相手への理解なしにはそれは現れないからである。また、はじめから全力を求めてはならない。力の入れようと出し方の知識なしにはそれは現れないからである。まずは相手を受けとめようとすることがすべての一歩となりうる。そのための〝優しさの構図〟を次のように整理しておこう。

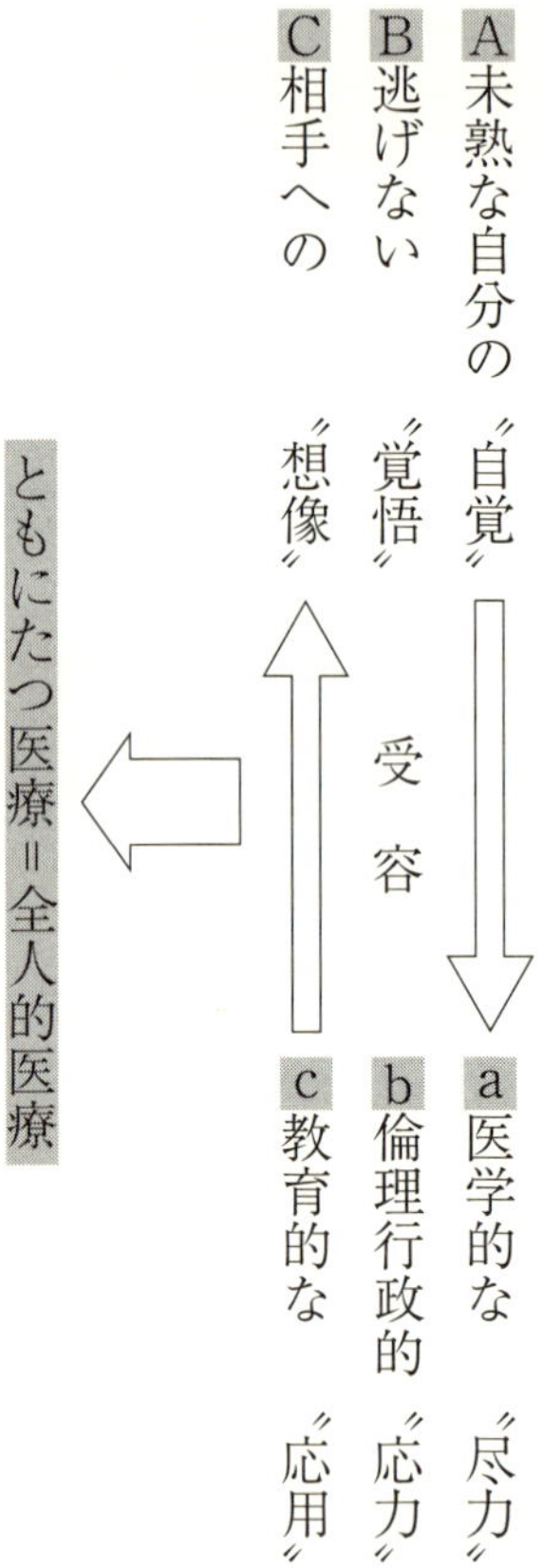

エピローグ

誕生への準備

この頃の私は、休日にもなれば古刹巡りに明け暮れていて、2012年9月30日のこの日も、山梨県甲州市の放光寺境内を訪れていた。台風17号が接近中で、山梨県にも大雨・洪水・強風・雷・竜巻注意情報が発表されていて、そのうちのいくつかは夕方までには警報に変わっていた。

境内には黄色く熟した榎や銀杏の果実が散乱し、満開の萩の花から花へと、修行僧の衣のような地味な蝶が飛び交っていた。ツバメシジミである。

法要を営む読経にのって、キンモクセイの甘く涼やかな薫りが漂ってくる。私は思わず合掌しながら、境内の隅の方に移動する。その足で萩の傍らに立ち、昨日、お隣の恵林寺境内のサザンカから聞いたメッセージ内容を伝えながら、同じ質問を繰り返す。智慧あるものが萩を通してこう語る。

「受精の瞬間に卵子内部に再現されるあなたの記憶は、この段階ではフリーズ（凍結）されています。記憶の再現にあたってはDNAを構成する4種類のアミノ酸の水素原子が関与して記憶分子が生成されるのですが、この分子は色素分子によってプロテクトされ、8カ月後の解凍時期がくるまで、保存されます」

私に存在しない概念が次々に登場する。おおよそアミノ酸分子に水素原子が存在することさえ知らなかった私である。まして色素が関与するなどという話に至っては、まったくチンプンカンプンなのだ。しかし、DNAを構成するアミノ酸に水素原子が存在するなら、つじつまの合うことが多い。私の意識と記憶が〝共鳴〟によって、ある受精卵に再現かつ再生されるという場合、この共鳴（ゲシュタルト共鳴）を媒介するのは、複数の水素原子の量子もつれ現象だからである。したがって私の再生がなされるためには、共鳴すべき相手の要素に水素原子群が存在することが大前提にあるからだ。

萩のメッセージによれば、共鳴すべき相手の要素とは、受精卵内部のＤＮＡのアミノ酸であることになる。確かにＤＮＡを構成する４種類のアミノ酸である、アデニン・グアニン・シトシン・チミンには水素原子が１個ずつ存在していた。

このアミノ酸類（塩基）が、私たちの意識と直接的に共鳴を起こす装置にほかならないのである。お分かりだろうか。私たちの死後の生まれ変わり、すなわち再生を直接的に担っている生命そのものの仕掛けが存在し、それはＤＮＡ内部の４種類の物質であるという驚くべき事実が、今明らかになったのである。しかし、この仕掛けの中での色素の役割については、まだ分からない。これが再生装置のなかに存在する私の記憶を、時期が来るまで安全に封印するというのだが、いったいどういうことなのだろうか。ここではＤＮＡと色素分子との相互関係を調べてみることから始めるしかないだろう。

記憶の解凍

２０１２年９月30日、陽射しが溢れる午前中に放光寺境内で満開の萩との対話を終えた私は、そのまま中央市豊富の山林に向かっていた。幸いにも台風17号の影響はまだ現れていない。しかし、周囲の山並みは次第に雲に覆われ始めていた。ともあれ、天気が崩れる前に見ておきたいものがあった。それは昨日発見した、純白の羽根をつけた文鳥のような、実に美しい露草だった。よく見ると、本来は薄緑色であるはずの苞《ほう》の部分と、苞の真下の葉の一枚、そして、苞から下にかけての茎の一節部分が完全な白色なのである。突然変異種に変わりはないが、非常に珍しいものであることは、長年の勘から分かった。その傍らにかがみ、萩の花から聞いた知識を踏まえて対話を始める。すぐに露草から戻ってきた答は極めて明快なものだった。

「受精卵内部でのあなたの記憶の凍結と解凍には、色素イオンだけでなく銀イオンが関与します。銀イオンが受精卵内でのあなたの記憶を担う記憶物質の生成と維持、および解凍に重要な役割を果たすということです」

これはまた思いがけない物質の登場である。結局これでＤＮＡ・４種類のアミノ酸・

色素分子・銀イオンというキーワードが揃ったことになる。これをもとに私たちの死後の再現・再生の仕掛けの全体像を読み解く日が来るかもしれない。

人の生理学的な自己の終焉は意識的自己の消滅を意味しない。私たちは必ず新たな自己として再現され再生される。これが私の直観であり思惟と哲学の帰結である。2014年3月19日に私の部屋を訪れた親友・高木謹介氏（65歳・東京出版サービスセンター）は、私との3時間弱に及ぶ楽しい哲学談義の末に、こう言った。

「カジンさんは、奥さんを本当に愛していますね」

そこで私は言った。

「どうか分からない。僕の彼女への愛は虹のようなもの。そこに見えるから近づくと遠くに移っている。遠くにあると思って見ると近くにかかっている。そして虹の中にすっぽり収まっているときには、それは見えない」

本稿を閉じるにあたって、次の方々のお名前を記して、私の感謝の気持ちとしたい。自己犠牲心・菩提心のたゆまない実践により、ついに日本に例を見ない総合病院を立ち上げた山﨑誠先生（名戸ヶ谷病院・理事長）とその右腕の安藤誠氏（名戸ヶ谷病院・事務次長、蛍水舎・第2代編集長）。特に山﨑先生には本稿の医療用語や病院データなどについて、適正な監修をいただいた。安藤氏の献身ぶりには頭の下がるものがあり、とりわけ入院中の私と本稿執筆中にはいろいろと便宜を計っていただいた。

四十年来の親友の高木謹介氏は私のバランスメーターでありチェック装置の一つであり続けた。それは、偏りがちな私を身近で見続けた長男・千珠が「僕はふつうを究める」と宣言したのと同じ意味を持っていた。高木氏は見事にそのふつうという名の超常を貫徹し、私の哲学的支えとなったのである。

その点では飯田弘之氏（76歳・エレクトロンテラ代表）も、友人たちと連綿とした絆を維持し続ける〝ふつう〟の特異才能に恵まれ、私に救いの手を差し伸べてくれた。私の9作目の著作『宇宙につながった日』（金花舎／1993年）は、彼の特異才能なしには世に出ることはなかったのである。

また、私が子どものころから憧れていた鉱物の世界をご教示いただき、まさに私の人生のフィールドを大きく広げてくださった今井裕之先生（鍛金造形美術家・鉱物コレクター)、山梨県内の私の活動拠点を惜しみなくご提供いただいた坂田久(ギター製造・音楽家)・真澄ご夫婦と、黒川興成先生(宝石デザイナー)のご恩も忘れることはできません。

また、鷹野秀敬(81歳・建築デザイナー)・繁子ご夫妻のご令嬢・坂本美秀子(旧姓:鷹野)氏は、私の勤務先の部下として仕えてくれたが、なによりも成書化が悲願だった『かみさまみたよ』(野草社/2001年)は、彼女とご両親のご助力なしには上梓に至らなかっただろう。遅きに失した感謝の言葉を、ここに記させていただきたい。

本稿のエピローグの一部の執筆者となった娘で看護師の瑞穂は、あたかも巫女のような霊明さによって、どこかで私の暗部までを見通していて、わが家に迫りくる暗雲を祓い除け続けていた。その彼女は最後まで私のレポーターであったし、夫のT医師は、自宅療養中の私の面倒をよく見てくれた。小児科医師の特徴であるへりくだった姿勢と優しさは、点滴の針を指す私の腕にも十分伝わってきて、安らかな気持ちになれたものである。

その二人の長女の不思議な体験を第6章で紹介させていただいた。妹の安曇は自己献身的にわが家に仕えた。彼女は私の病気を知ると踵を返すように生活拠点を東京から山梨に移して戻ってきた。

長男の千珠はまさにわが家のコンパスであった。その意味が彼には今でも理解できないようだが、人は自分が気づいていないところで人を救うものだ。だから、彼にその自覚がないとするなら、それこそがすべてへの解答なのかもしれない。

一方、本稿の執筆時点で86歳の母は、わが子を看取る母親の一人になってしまったが、本来、マザコンなどとやゆされた私にはふさわしいかたちなのかもしれない。癌を告知される1カ月以上前に、私はわが家の古いアルバムを引っ張り出していた。愁いと気品を漂わせた母の脇に、モヤシのような私がいくつも写っていた。今振り返れば美しい人であった。

妻にはさきほど〝遺言〟をしたためたばかりなので、ここは手短にやり過ごそう。本稿の各章立ての吹き出し文のうち、★印の言葉は妻のものである。よく山﨑誠先生は、

「あなたたち二人は透明感があって、妖精か何かのようだ」

と言ってくださっていた。

また、高木謹介氏は、

「二人とも昔からふつうではない人同士が出会っていると感じた」

ともらした。この言葉が妻・紀子と出会いともに過ごしてきたことへの私の誇りと満足を代弁してくれている。そして、あなたなしでは何もなしえなかったのだ。

最後に、本書の出版を快諾していただいた、たま出版の韮澤潤一郎・代表取締役社長に衷心よりお礼を申し上げねばならない。韮澤氏に出会ったのは私が高校1年生の時であり、以来、時には同じ研究会の会友として、また『生命宇宙論』（たま出版／1983年）への〝推せんのことば〟の寄稿者として、50年もの長いお付き合いを頂いてきた。本稿がこうして氏の出版社から上梓《じょうし》されることになるのも運命である。

感謝してもしきれないのである。また、メールでのやり取りのみになってしまったが、私のわがままを細かい部分まで聞き届けてくださった、担当者の中村利男編集長にもお礼を申し上げたい。みなさんありがとうございました。

2014年4月吉日　山本佳人　記す

山本佳人といういのち

～勇気こそ地の塩なれや梅真白～

こもれびこどもクリニック　看護師長　丹　瑞穂

この本が出版される頃、山本佳人の魂は、白梅の香りとともに奥秩父山塊の彼方へ旅立っているかもしれない。宇宙の果てしない時間に比べてみれば、人間の一生は光速ほどの圧倒的短さだ。しかし、そこに内包されるエネルギーの膨大さは、宇宙そのものである。

山本佳人の肉体は消滅する。が、その魂のたどる先に終着点はない。いのちの連鎖は己と他者の間において繰り返され、それはとうとうと流れる水のように途切れず、いつしか自他の区別もつかぬほどに淀《よど》みなくひたすらにまっすぐつながっていく。人の心や体も同様に、私とあなたは切り離せるものではなく、あなたの身に降り掛かる災難に手を差し伸べ寄り添うとき、同時に私は私自身に寄り添い、救われんとしているのだ。そのことは、本書において、山本佳人の霊的な直感力と深い洞察力、そして比類なき奇跡体験に裏付けされた言葉の数々によって、私たち読者の心に、乾いた土壌を潤す恵みの雨の如く深く染み渡っていったに違いない。

本書は紛れもなく、山本佳人が宇宙につながった65年という歳月のなかで目の当たりにした全人的医療の本質と、ついには変容する自身の肉体との対話を通して得た、魂の救済の物語である。

癌宣告からわずか数週間で、山本佳人は本書を書き上げた。容赦なく進行する癌、弱っていく体、発話すら困難にするほどの痛み、それに反して研ぎすまされていく魂。私は、この場を借りて、わずかながらもお伝えしようと思う。麻薬系鎮痛剤を服用しながらも、生涯かけての知性と宇宙意識を集結して執筆を続けた山本佳人渾身《こんしん》の日々を。

「最近痛みが強くなってきたっていうからね、薬を処方してもらいたいんだけど」

母からそんな電話がきて三日後、父は千葉県柏市にある名戸ヶ谷病院に入院した。

観測史上記録的な大雪に見舞われた山梨県は、除雪の残骸を尻目に本来の姿を取り戻しつつある。3月に入るやいなや、甲府盆地は暖気をたぐり寄せ、雪解け水が地表をなでると、大地は春を噴出し始めた。

「佳人さんね、癌だって」

母の声が、電話の向こうから聞こえてきた。その言葉が行き場を探してさまよっているような声だった。

この頃、すでに河津桜は盛りを過ぎていたが、薄いピンク色が日本列島を北に向かって浸食していくよりもずっと早いスピードで、父の体は癌に侵されていった。父は、手術や化学療法といった積極的で侵襲的な治療を拒否し、自身の免疫機能を強化することで癌細胞を攻撃、鎮圧する免疫療法すら辞退した。

入院加療を要さなくなった父は、わずか五日で名戸ヶ谷病院を退院し、山梨県笛吹市にある自宅において、2カ月前に立ち上がったばかりの蛍水舎第一号となった本書の執筆活動を再開していた。居間のこたつに座して母の特製茶をすすりながら、または自室にこもって、鎮座している鉱物や昆虫の標本類に囲まれながら、長時間パソコンと向き合っていた。

台所を出て、すらりと伸びる長い廊下の突き当たりから、黄金色の光が漏れている。その光景は、すりガラス様のドアの向こうの父の呼吸を知らせてくれているような安堵感を、私に与えてくれた。

かつて、兄妹が静かな寝息をたてる暗闇の中で一人、目を見開き、耳腔《じこう》を駆け抜けていく列車の轟音《ごうおん》に表しようのない孤独感を覚えた私は、隣の部屋からこぼれてくる父の声と細い光に安心して眠りについたものだが、その頃に重なるような光景だった。

父の部屋は記録と記憶の宝庫だ。「紙だけは永遠のような気がして」と父は言った。蓄えられたその「生きたる証拠」は、相当な量である。「俺が生きた時間が、実際は倍ほどの人生だったことがこれらを見れば分かるから」と、自分の母親と実弟に向けて言っていた。

1週間持つか分からない、といった具合の非情な告知を受け自宅療養が始まったわけだが、退院した翌日に撮影した家族写真を見る限り、父の風貌はおよそ癌を患った老身には見えない。

しかし、影を潜めていた病魔は徐々に片鱗を見せ始め、父は一見穏やかながらも、重い体をなんとか明日へとひきずっていくように見えた。その体がずっしりと地にへばりついているおかげで、まだ私たちの元にいてくれるようにも思えた。

一週間が過ぎた頃、黄疸《おうだん》と腹部の痛みが増強してきた。殊に痛みは鎮痛剤を服用してもすぐに再燃し、どのような姿勢をとっても和らいでくれず、父の顔は険しく、言葉も少なくなっていた。顔はこけ、肩や手足も細くなり、雄々しく山肌を歩く父の姿は完全に遠い日のものとなってしまった。

私と小児科医である夫の付き添いのもと、父と母は自宅療養の際の主治医である土地邦彦先生（どちペインクリニック院長）のもとを訪れた。祝日にもかかわらず、その日の午前中のうちに先生は一行を迎え入れてくれた。処置ベッドに横たわるのもつらそうな父を、母は少し離れた場所で見守っていたが、私は父のベッドサイドに座り込んで時おり手をかしていた。右下腹部から伸びるドレーンの様子をうかがいながら、土地先生と夫がドレーン閉塞の恐れについて話を進めている傍らで、目を閉じたままの父はしゃがれ声で私に言った。

「今ね、孫の不思議体験のところまで書けたんだよ」

孫とは私の娘で、第6章に登場してくる。私は正直、このとき面食らっていた。なぜ今、この状況でそんな話をおもむろにするのかが分からなかったからだ。

しかし、次の瞬間には、「すごいね、そんなところまで書けたんだね」と返していた。どっと私の心が重くなった。父は、不安と恐れと焦りでおかしくなってしまったのではないか、そんなふうに感じてしまったからだ。ただし、それは一瞬のことで、すぐに父の正気が完全なものであることが分かり、私も再度、気を奮い起こすことにした。

母は、口数の少ない父に対して、機嫌が悪いとか、怒っているのかと思っているらしく、寂しげに当惑していた。しかしそうではない。癌性疼痛および癌の横隔膜転移による影響と、胆汁を体外に排出していたドレーンが外れてしまったことにより、胆汁が腹腔内に流出して貯留してしまい、特有の疼痛を発症させていたのである。同時に、おそらく感染が起こり、炎症反応は高い数値を示し、熱も38度台へととび上がった。退院して九日目のことである。父は再び、名戸ヶ谷病院に入院することとなった。

この時すでに原稿は、五分の四ほど仕上がっていた。

2度目の入院は四日間。その間に（正確には入院当日の早朝から）父の体に起こった奇跡は本文に詳しく書かれている。父には話していなかったことだが、この入院の前夜、椅子に座ったまま眠りと覚醒の狭間《はざま》で漂う私の脳裏に、乳白色のもやのようなものに全身を包まれている父の姿が浮かんだ。それは顔以外をすっぽりと包んでおり、金属か何かを含有する綿のようで、輪郭がちらちらときらめいていた。しばらくすると、父の顔からすーっと黄疸が退き、黄ばんだ色がもとの健康的な色に戻っていったのだった。このイメージが、悪意のある、もしくは不吉な予兆だとしたら、と考えると恐ろしくて口にはできなかった。

しかし、山﨑先生曰く、「奇跡が起きている」

父の体は、麻酔系鎮痛剤の量が三分の一ほどで済むようになり、黄疸も消退してきている。だからといって、死期が遠のいたなどと胸をなでおろしているわけではない。父の覚悟は、現世での生を全うし、死と言われる来世への門戸をくぐり、その両手ですくえる量の善と悪を携えて、この世に新しく再現するところにまで及んでいるのである。

すぐそばに寄り添う母は、遠い昔と変わらぬ清廉さで輝いている。二人は他人の心にすっと入り込み、その人ですら届かぬ深淵の罪に救いの手を差しのべてきた。自己犠牲的ともとれる両親の態度が常に私の傍らにあり、幼い心に深く根を張った。そして、全人的医療の根源に必要な人としての要素が数多に降り積もる時間のうえを、幸運にも私は歩いてきた。山本佳人という稀有な智慧あるものに見守られながら。

名戸ヶ谷病院の理事長・山﨑誠先生ならびに関係者の方々、土地邦彦先生、訪問看護師の方々におかれては、患者本人の意思を最大限に尊重していただき、必要に応じて医療的見解や介助を与えてくださった。そこには、人間に対する慈愛の念と、山本佳人といういのちが秘める可能性への期待も、春曇りから注ぐ柔らかい日射しのように感じられた。

夢はまだまだ続く。誰にも奪われず、決して失われない。父の果てしない夢の一部を引き継いで、私もたくさんの夢を見よう。信じるものの支えとなり、前を向いて歩いていけるように。父がそうして生きてきたように。

●参考文献

―本書に登場する文献関連名など―

『沈黙の力』カルロス・カスタネダ・二見書房／1990年
『Nadogaya Weekly』名戸ヶ谷病院出版会・蛍水舎／2013年
『新約聖書』日本聖書協会
『CI 山本佳人個人情報紙』№218、219／1999年
『遺伝子の世紀』学研／1999年
『日経サイエンス』日経サイエンス社／2010年
『山梨日日新聞』山梨日日新聞社／1978・4・16
『今日の治療指針 154』医学書院／2012年
『サンデー毎日』毎日新聞社／1996・12・8
『フィヒテ知識学の研究』隈元忠敬・協同出版／1970年
『蜘蛛の糸・杜子春』芥川龍之介・新潮文庫
『地獄蝶・極楽蝶』今井彰・築地書館／1992年
『生命宇宙論』山本佳人・たま出版／1983年
『宇宙につながった日』山本佳人・金花舎／1993年
『かみさまみたよ』山本佳人・野草社／2001年

●監修者略歴

山﨑 誠（やまざき まこと）

1936	大分県宇佐市に生まれる
1954	千葉県立千葉第一高等学校卒業
1966	信州大学医学部医学科卒業
1966	医師国家試験合格
1967〜1968	信州大学医学部第一外科副手
1968〜1971	山梨県・宮川外科病院勤務、長野県・県立木曽病院勤務
1971〜1974	長野県・厚生連合会新町病院勤務
1974〜1974	静岡県・菊川総合病院勤務
1974〜1976	長野県・昭和伊南総合病院外科医長
1976〜1979	山梨県・八代病院副院長
1979〜1979	千葉県・北総病院勤務
1979〜1981	東京都・町田病院外科勤務、渡辺外科勤務
1981〜1983	千葉県・柏厚生総合病院外科勤務
1983-03-01	千葉県・名戸ヶ谷病院創設、院長就任。救急労災病院発足
1988	千葉県・名戸ヶ谷病院新館竣工、204床になる
1992-12-15	千葉県・名戸ヶ谷病院法人化、理事長就任
1995	千葉県・特別養護老人ホーム竣工、理事長就任
1998	千葉県・名戸ヶ谷病院中央棟竣工、247床になる
1999	千葉県・名戸ヶ谷診療所開院
2002	千葉県・介護老人保健施設回生の開設
2003	国より、管理型臨床研修病院の指定を受ける
2006	ＮＰＯ法人・東光会設立
2012	千葉県・名戸ヶ谷あびこ病院開院
2013	社会医療法人社団蛍水会となる
2014	名戸ヶ谷病院出版会・蛍水舎設置

（以上、2014年４月現在）

〈著者プロフィール〉

山本 佳人（やまもと かじん）

1949年、山梨県に生まれる。

東京芸術大学在学中より各地で超心理学・哲学関係の講義や講演活動を展開しながら執筆活動を続ける。

主な講演に、電気通信大学副学長（当時）でプリンストン工科大学客員教授の、故・岡田幸雄の招待による超心理学・哲学に関する連続3回講演（1975年）や、通商産業省電子技術総合研究所の猪俣修二工学博士の招待による「未踏科学セミナー」で、現代物理学と哲学の接点を論じた連続4回講演（1974〜1975年）などがある。

著作の論点はみずからの体験に基礎をおくものとして非常に高い評価を得ている。代表的著作に『生命宇宙論』（たま出版）、『かみさまみたよ』（野草社）、『宇宙につながった日』（金花舎）、『宇宙意識の哲学的研究』（霞が関書房）などがある。

代表的なエッセイとして連載60回に及んだ「南アルプスのエンジェルたち」（看護専門雑誌『月刊ナーシング』・学研メディカル秀潤社）、代表的な対談として女優・黒柳徹子との「宇宙哲学教えます」（『話の特集』誌・1973年）や、イラストレーター・横尾忠則との「雑誌『GORO』創刊記念対談」（1974年／東京渋谷・東急本店）などがある。

一男二女の父。2014年より名戸ヶ谷病院出版会・蛍水舎初代編集長。

ミラクル・S《シークレット》・ドクトリン
—あなたはなぜ生きるのか。Dr.山﨑と奇跡の物語—

2014年5月28日　初版第1刷発行

著　者　山本 佳人
監修者　山﨑 誠
企　画　蛍水舎
発行者　韮澤 潤一郎
発行所　株式会社 たま出版
〒160-0004　東京都新宿区四谷4－28－20
☎ 03-5369-3051（代表）
http://tamabook.com
振替　00130-5-94804

組　版　一企画
印刷所　株式会社エーヴィスシステムズ

ISBN978-4-8127-0369-4　C0011